BADEN-WÜRTTEMBERG
Kulinarische Streifzüge

BADEN-WÜRTTEMBERG
Kulinarische Streifzüge

Mit 69 Rezepten,
ausgewählt
für dieses Buch
von
Edeltraud und Erwin Teufel

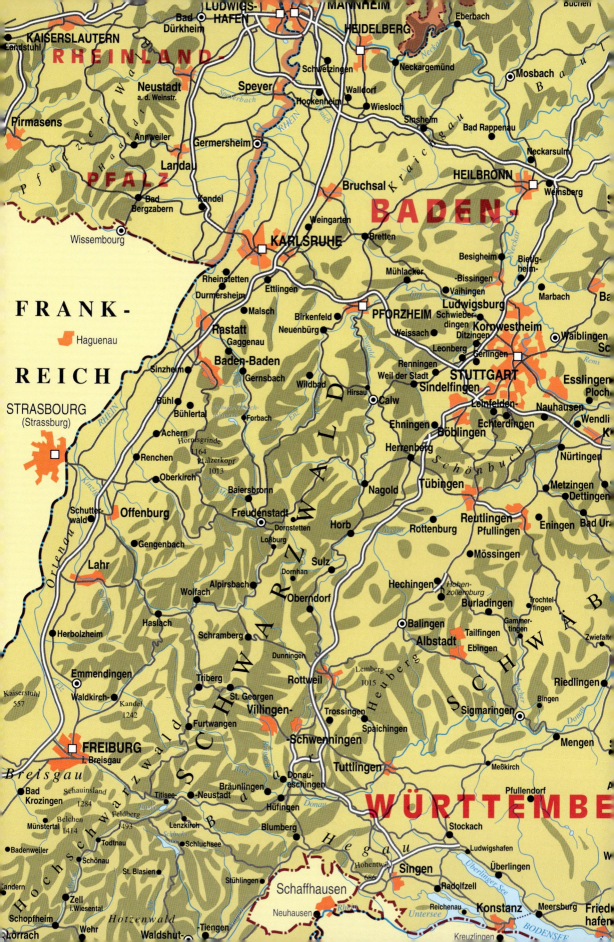

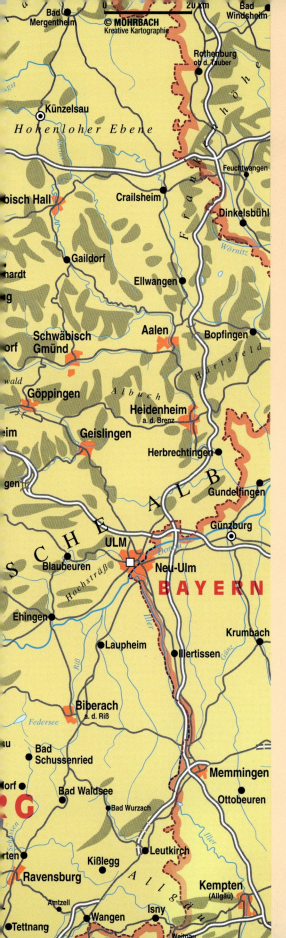

Inhalt

Kein schöner Land	8
In Teufels Küche	25

Rezepte

Suppen und Vesper	28
Kleine Speisen und Beilagen	58
Hauptspeisen mit Fleisch, Wild und Fisch	96
Süße Speisen und Getränke	134
Die Rezepte nach Gruppen	170
Die Rezepte alphabetisch	172
Bildquellen, Impressum	174

Liebe Leserin, lieber Leser,

ich bin ein Büchernarr und lese fürs Leben gern. Allerdings sind mir viele andere Bücher vertrauter als Kochbücher. Ich habe sie immer als reine Rezeptbücher gesehen, die in der Küche griffbereit und etwas abgewetzt herumstehen oder in Schubladen vor sich hindösen. Dieses Vorurteil hätte ich auch weiter mit mir herumgetragen, wenn ich nicht irgendwann auf Kochbücher gestoßen wäre, die einem schon beim Blättern förmlich das Wasser im Mund zusammenlaufen lassen. Weil sie nicht nur eine Sammlung der alten einheimischen Rezepte sind, sondern die Gerichte in herrlich inszenierten Hochglanzfotografien so zeigen, daß man den Braten geradezu riechen kann. Das sind Kochbücher, die man tatsächlich nur schwer aus der Hand legen kann. Zu dieser Art Bücher zählen auch die aus dem Hause Sigloch. Dazu wird viel erzählt über unser Land, über unsere Vorfahren, unsere Kultur, besonders die Kultur des Alltags, die Agrikultur, die Eßkultur und die Kultur des Weins.

Eine Küche verrät ja sehr viel über ein Land und seine Menschen. In allen Kulturen war aber das gemeinsame Mahl nicht nur Stillen von Hunger und Durst, sondern Stiftung von Gemeinschaft. Gemeinschaft von Menschen, die sich verstehen, Gemeinschaft in der Familie und die Gastfreundschaft gegenüber dem Fremden.

Hermann Hesse schreibt in einer Liebeserklärung an seine alemannische Heimat: „Alles, was von alemannischer Herkunft ist, hat Heimatgeruch für mich, ist mir ohne weiteres verständlich und nah. Das alemannische Land hat vielerlei Täler, Ecken und Winkel. Aber jedes Tal hat seine Öffnung nach der Welt." Diese Sätze sind auch mein Bekenntnis zu Baden-Württemberg in all seinen Landschaften vom Taubergrund bis zum Allgäu und von der Kurpfalz bis zum Hochrhein. So liebe ich dieses Land und seine Menschen. Menschen mit Ecken und Kanten, die ihrer Heimat verbunden, aber auch weltoffen sind, aus dem Tal heraus- und über den Kirchturm hinausschauen.

Für mich ist es eine Freude, daß ich ein so schönes Buch über die Küche unseres Landes mit vorstellen darf. Ein paar private Einblicke gehören natürlich auch dazu. Und wenn Sie hie und da gar in Teufels Küche landen, so werden Sie's hoffentlich nicht bereuen. Ich danke dem Verleger, Herrn Helmut Sigloch, dessen unternehmerische Leistung ich bewundere, sehr herzlich für seine gute Arbeit.

In unserem Land hatten viele noch im letzten Jahrhundert nicht genug zu essen und manch einer mußte auswandern. Heute ist der Tisch reich gedeckt. Aber die Menschen hier wissen noch alle, woher das tägliche Brot kommt, und daß der Mensch nicht vom Brot allein lebt. Ich wünsche Ihnen eine gesegnete Mahlzeit und „an Guate"!

Ihr
Erwin Teufel
Ministerpräsident

Zur Abbildung auf Seite 2:
Ausblick vom Schwarzwaldgipfel Belchen nach Neuenweg hinunter.
Im Hintergrund die Schweizer Alpen.

Weinberge am Rotenberg bei Untertürkheim.

Kein schöner Land

Man kann sich mit dem Gaumen, mit den Augen, mit dem Herz in ein Land verlieben. Ich mag dieses Land von ganzem Herzen. Denn Baden-Württemberg bietet, was Menschen in unserer Zeit suchen: Geborgenheit ohne Enge, Vielfalt ohne Unübersichtlichkeit, Heimat ohne Provinzialität. All das ist dem heutigen Land, das man inzwischen gern als „Musterländle" bezeichnet, nicht in die Wiege gelegt worden.

Völlig unterschiedlich waren die gewachsenen Traditionen und denkbar uneinheitlich die historischen Voraussetzungen der Gebiete, die sich 1952 zum Südweststaat zusammenschlossen. Die geschichtsträchtigen Länder Baden und Württemberg, seit Napoleon zu Mittelstaaten aufgestiegen, bildeten den Kern. Hinzu kam der hohenzollerische Landesteil des einstigen Königreichs Preußen. Und blicken wir gar auf das Erbe aus vornapoleonischer Zeit zurück, so öffnet sich ein geradezu überreiches Spektrum. Da gab es neben den genannten Territorien ausgedehnte Gebiete, die zu Vorderösterreich und zur Kurpfalz gehörten, Fürstentümer wie Hohenlohe, Waldburg oder Fürstenberg, Reichsabteien wie Zwiefalten, Weingarten oder Schöntal, Deutschordensgebiete wie Mergentheim, Altshausen oder die Mainau, Landschaften unter der Herrschaft der Bistümer Konstanz, Straßburg, Speyer, Worms und Mainz und nicht zuletzt eine ganze Reihe bedeutender städtischer Besitzungen.

Von den insgesamt 51 Reichsstädten des einstigen Heiligen Römischen Reichs deutscher Nation lagen allein 24 im heutigen Baden-Württemberg. Diese Fülle alter Kulturtraditionen und diesen unermeßlichen Schatz an Erfahrungen aus der Vergangenheit zu einem neuen, zukunftsorientierten politischen Gebilde im Südwesten zusammenzufassen, war ein kühnes Unterfangen. Und es verwundert nicht, wenn sich im Jahr 1952 Skeptiker und Optimisten die Waage hielten.

Heute dürfen wir sagen: das Experiment ist geglückt. Die Gründer des Landes haben Weitblick bewiesen. Nach innen gefestigt und nach außen offen geht das moderne Baden-Württemberg seinen Weg. Grundlage dafür war der Wille zur Partnerschaft in jeder Richtung. Die einzelnen Landesteile des drittgrößten deutschen Staates ergänzen sich gegenseitig ideal. Und als Region im Herzen Europas, die mit den drei Nachbarstaaten Frankreich, der Schweiz und Österreich enge Berührungen hat, stellt Baden-Württemberg einen Modellfall dafür dar, wie politische Grenzen nichts Trennendes bedeuten müssen, sondern – ganz im Gegenteil – Brücken für die gutnachbarliche Zusammenarbeit sind.

Dieses erfreuliche Miteinander geschaffen zu haben, ist in erster Linie das Verdienst der Menschen, die hier leben und arbeiten. Bis heute witzeln sie zwar immer noch gerne übereinander, die Badener über die Württemberger und umgekehrt, indem sie sich an Stammtischen und in lustiger Runde gegenseitig „Gelbfüßler" oder „Sauschwobe" nennen. Aber Unverträglichkeit ist das beileibe nicht, viel eher ein Zeichen von Zuneigung — ganz nach der Devise: „Was sich liebt, das neckt sich." Ich jedenfalls fühle mich wohl unter Schwaben und Alemannen, unter Kurpfälzern und Franken. Hier bin ich aufgewachsen, hier gehöre ich hin. Die Leute meinen's ehrlich, nehmen kein Blatt vor den Mund und haben das Herz auf dem rechten Fleck.

Man muß sich aber – auch und gerade als Landesvater – Zeit nehmen, zuhören und bei einem Vesper und einem Viertele einfach „schwätze mit de Leut". Lernen kann man von jedem einzelnen von ihnen. Genauso vielfältig wie die Landschaftstypen im Südwesten sind nämlich auch die Charaktere, die durch sie geprägt werden und die sie wiederum prägen. Vom Bodensee bis zum Odenwald, vom Rheintal bis ins Tauberland reicht die bunte

Palette – mit klassischen Erholungsräumen wie dem Schwarzwald, kargen Gebieten wie der Hochfläche der Schwäbischen Alb, Weingegenden wie am unteren Neckar, am Kaiserstuhl oder im Markgräferland sowie wirtschaftlichen und kulturellen Ballungszentren wie Stuttgart, Karlsruhe oder Mannheim. Überall wird gearbeitet, geschafft, getüftelt, geforscht. Kein Bundesland ist so reich an Universitäten wie Baden-Württemberg. In keinem Land wird mehr für die Forschung ausgegeben. Nirgends sind auf engstem Raum so viele bahnbrechende Erfindungen gemacht worden wie bei uns. Und kaum irgendwo findet man eine solche Fülle an Sehenswürdigkeiten und Kulturdenkmälern – von den oberschwäbischen Barockklöstern bis zum Ludwigsburger Schloß, vom Freiburger bis zum Ulmer Münster. Daß all dies nebeneinander entstehen konnte und erhalten blieb, ist nicht zuletzt ein Ergebnis jener gegenseitigen Toleranz, wie sie im Südwesten schon immer praktiziert wurde.

Ein ganz besonderes Geschenk aber sind für uns Baden-Württemberger unsere zahlreichen überlieferten Bräuche und Feste, die mit Begeisterung und Hingabe gepflegt werden. Wer viel arbeitet, der darf auch feiern. Davon zeugt eine Fülle weltlicher Vergnügen wie das Ravensburger Rutenfest, das Schützenfest in Biberach, das Ulmer Fischerstechen, das Kuchen- und Brunnenfest der Haller Salzsieder, das Cannstatter Volksfest, der Mannheimer Maimarkt und viele andere mehr. Davon künden aber auch große religiöse Feiern wie der Heiligblutritt in Weingarten, Europas größte Reiterprozession, das Fridolinsfest in Bad Säckingen oder auch die Fronleichnamsprozession in Hüfingen mit ihren berühmten Blumenteppichen. Und Jahr für Jahr packt es uns Schwaben und Alemannen wieder neu, wenn nach Dreikönig die Fasnetszeit beginnt. Daß es mich persönlich am Fasnetsmontagmorgen mit Vorliebe zum Narrensprung in meine Heimatstadt Rottweil und am Fasnetsdienstag nach Villingen zieht, haben mir andere Städte, die auf ihre Fasnet natürlich genauso stolz sein dürfen, inzwischen wohl nachgesehen.

Feste und Bräuche sind für uns alle eine ganz besondere Kraftquelle. Wenn wir uns miteinander freuen können, vermögen wir im Alltag auch wieder gemeinsam etwas zu leisten. Und noch etwas: Zu unseren Festen gehört als zentrales Element immer zugleich gutes Essen. Schaffen ist die eine Seite unseres Lebens, Essen und Fröhlichsein die andere. Beides zusammen ist wichtig. Ein altes schwäbisch-alemannisches Sprichwort geht sogar noch einen Schritt weiter, wenn es sagt: „Wie man ißt, so schafft man." Sollte es recht haben – und Sprichwörter irren selten –, dann brauchen wir nur noch hinzuzufügen: In Baden-Württemberg ißt man gut und reichlich. Erfolgreich war auch das Rezept des unvergessenen Ministers Adalbert Seifritz, dem Handwerk ebenso verbunden wie der Luftfahrt. Er handelte nach dem Grundsatz: „Trinke m'r z'erscht no a Viertele, gschafft ist nochher glei."

Erwin Teufel

*Vorherige Doppelseite:
Bei Kressbronn konkurriert im Frühjahr das Weiß der blühenden Obstbäume mit den Schneegipfeln der Vorarlberger Alpen.*

*Oben:
Villingen wird auch heute noch von drei Tortürmen bewacht. Hier das Obertor.*

*Rechts:
Der mit Standbildern geschmückte hochgotische Kapellenturm ist das Wahrzeichen der Stadt Rottweil.*

*Nächste Doppelseite:
Die Landeshauptstadt Stuttgart, gesehen von ihren Höhen im Südosten.*

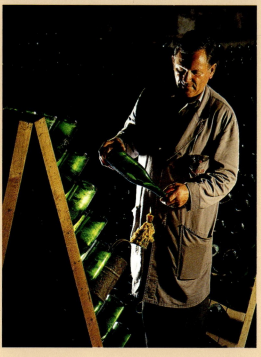

Oben:
Der Marktplatz von Esslingen bietet
einen prächtigen Anblick, und das natürlich
besonders an den Markttagen.

Links:
Ob Wein oder Sekt, erst im Keller wird
aus dem Traubensaft ein edler Tropfen.

Rechts:
Die Kriegerkapelle bei Ehrenstetten
im Markgräflerland.

Oben:
Wacholderheiden auf der Schwäbischen Alb.

Links:
Burg Wildenstein hoch über der Donau war einst Sitz der Herren von Zimmern.

Nächste Doppelseite:
Der berühmte Blick vom Philosophenweg auf Schloß und Altstadt von Heidelberg.

*Oben:
Die heute noch ebenso schöne wie stolze
ehemalige Reichsstadt Schwäbisch Hall
im Hohenloher Land.*

*Links:
Der sogenannte Honigzipfel in Künzelsau.*

*Rechts:
Tauberbischofsheim mit dem ehemals
kurmainzischen Schloß.*

In Teufels Küche

In Teufels' Küche geht es bürgerlich zu. Gekocht habe ich jahrelang, was meine vier Kinder gerne gegessen haben. Zum Beispiel Suppen wie Grießklößchensuppe, Flädlesuppe, Nudelsuppe oder auch einmal eine Lauchcremesuppe. Wenn es Fleisch gab, dann ein Schnitzel oder Hackbraten – oder Saitenwürstle mit Linsen. Als Beilage oder als Hauptgericht hatten wir Kartoffeln in jeder Form und natürlich auch Spätzle oder breite Nudeln mit einer guten Sauce. Freilich gab es dazu frische Salate und als Nachtisch – je nach Jahreszeit – frisches Obst, Fruchtsalat oder eine Quarkspeise.

Heute sind die Kinder aus dem Haus und mein Mann ist die Woche hindurch viel unterwegs. Da gibt es für mich „kleine Küche". Doch wenn die Kinder oder mein Mann nach Hause kommen, dann werden wieder die Lieblingsgerichte gekocht.

Mein Mann ißt gerne Maultaschen, geschmälzt oder, noch lieber, geröstet mit Ei. Ein Schweinefilet oder einen Kalbsbraten garniere ich mit Gemüse und Salat und natürlich auch mit Spätzle.

Wenn alle daheim sind, ist das immer ein Fest. Und bei uns gibt es kein Fest ohne einen guten Wein. Mein Mann liebt besonders die baden-württembergischen Weine: einen Riesling aus der Ortenau oder dem Remstal, einen weißen oder roten Burgunder vom Kaiserstuhl, einen Weißherbst vom Bodensee, auch einen Gutedel aus dem Markgräfler Land, einen Schwarzriesling oder Trollinger aus dem Unterland oder einen Müller-Thurgau aus dem badischen Frankenland.

Zwei Rezepte von Speisen, die zu unseren Leibspeisen gehören, verrate ich gerne. Das sind Kalbsvögel in Weißwein-Sahnesauce oder mit einer Bratensoße mit Rotwein. Wir essen sie auch oft an Silvester mit Freunden, mit denen wir schon seit 30 Jahren den Jahreswechsel feiern. Das zweite Gericht ist ein Kartoffelgratin „Dauphinois". Man kann es als Beilage oder als Hauptgericht reichen.

Kalbsvögel in Weißwein-Sahnesauce

Für 4 Personen

8 dünne Kalbsschnitzel (à etwa 60 g)
100 g frische Champignons
325 g Kalbshackfleisch
Salz
Pfeffer
8 dünn geschnittene Speckstreifen
4 EL Speiseöl
250 ml brauner Kalbsfond (Fertigprodukt)
200 ml trockener Weißwein
250 ml süße Sahne

Die Kalbsschnitzel unter fließendem kaltem Wasser abspülen, trockentupfen und leicht klopfen. Die Champignons putzen, waschen, abtropfen lassen und fein hacken. Die Pilze mit dem Hackfleisch vermengen, mit Salz und Pfeffer würzen und auf die Kalbsschnitzel streichen. Die Schnitzel zusammenrollen, mit Küchengarn zubinden und nach Belieben jeweils einen Speckstreifen mit Hilfe einer Spicknadel durch die Röllchen ziehen.

Das Öl erhitzen, die Fleischröllchen darin von allen Seiten anbraten. Den Kalbsfond und den Weißwein hinzugießen und zum Kochen bringen. Die Fleischröllchen darin 40 Minuten schmoren lassen, herausnehmen und warm stellen. Die Sahne in die Schmorflüssigkeit gießen, die Soße etwas einkochen lasssen, nach Belieben mit Salz und Peffer abschmecken und über die Kalbsvögel geben.

Kartoffelgratin „Dauphinois"

Für 4 Personen

1 kg nicht zu trockene Kartoffeln
Salz
Pfeffer
1 EL feingehackte Petersilie
$^1/_2$ TL Thymian
Butter zum Ausstreichen der Form
1 Knoblauchzehe
100 g geriebener Emmentaler
400 ml süße Sahne

Die Kartoffeln schälen, waschen, in 2 bis 3 Zentimeter dicke Scheiben schneiden und danach nicht mehr ins Wasser geben. Kräftig mit Salz, Pfeffer, dem Peterle und Thymian würzen.

Eine Auflaufform mit Butter ausstreichen, die Knoblauchzehe schälen, durch die Presse drücken und in der Auflaufform verstreuen. Die Kartoffelscheiben hineingeben und mit einer Lage geriebenem Emmentaler Käse abschließen. Mit der Sahne auffüllen und die Kartoffeln im vorgeheizten Backofen bei 250° C etwa 30 bis 40 Minuten garen.

Dieses leckere Kartoffelgericht eignet sich ebensogut als Beilage wie als selbständiges Gericht mit Salat.

Sollten Sie, liebe Leserinnen und Leser, nun Lust auf mehr bekommen haben, dann blättern Sie weiter. Ich möchte Sie einladen zum gemeinsamen kulinarischen Streifzug durch unser Land und wünsche allen einen recht guten Appetit!

Edeltraud Teufel

Suppen und Vesper

Flädlesuppe

Dicke, schaumige Pfannkuchen kennen die Schwaben nicht. Schwäbische Pfannkuchen sind dünn, teigig und knusprig. Gefüllt werden sie mit Rosinen, Äpfeln oder Marmelade. Die ganz dünnen Pfannkuchen, durch die man quasi hindurchsehen kann, sind die Flädle. Flädle können auch zu Spargel und Kartoffelsalat gegessen oder mit Schinken, Hackfleisch, Nierle, Gemüse, Quark und Marmelade gefüllt werden.

Für die Fleischbrühe:
500 g Rinderbrust, 500 g
Rinderbrustknochen, 3 halbe, an der
Schnittfläche gut angeröstete
Zwiebeln, 2 Karotten,
2 ganze Tomaten, etwas Sellerie,
Lauch, Petersilienstiele,
gekörnte Brühe, Salz, Muskatnuß.
Für die Flädle: 200 g Mehl,
1/4 Liter Milch, Salz, 3 Eier,
Schmalz zum Ausbacken

Fleisch und Knochen mit kaltem Wasser bedecken, zum Kochen bringen, den ersten Sud abgießen, Knochen säubern und das Ganze nochmals in kaltes Wasser legen. Suppengemüse hinzugeben, 2 – 2½ Stunden köcheln lassen, Lauch und Zwiebeln erst in den letzten 30 Minuten hinzugeben. Abschmecken.
Mehl in eine Schüssel geben, die Milch unterrühren, etwas Salz zugeben und eine halbe Stunde stehen lassen. Dann die Eier aufschlagen und einrühren. Schmalz in der Pfanne bei großer Hitze zergehen lassen. Mit einer Schöpfkelle so viel Teig einfüllen, daß der Boden dünn bedeckt ist. Auf beiden Seiten goldgelb ausbacken. Heiß aufrollen, abkühlen lassen, in feine Streifen schneiden. Zum Servieren legt man die Streifen in die vorgewärmte Suppentasse, gießt die heiße Fleischbrühe darüber und streut frischen Schnittlauch darauf.

Maultaschensuppe

Der Streit darüber, ob in die echten schwäbischen Maultaschen Spinat gehört oder nicht, hat schon Freunde und Familien entzweit. Das ist eine Sache, die dem Schwaben fast einen Bürgerkrieg wert wäre. Wir jedenfalls schlagen uns auf die Seite der Spinat-Partei, auch wenn die Gegner behaupten, dies sei nur nutzlose Färberei, sinnlose und geschmacklose Effekthascherei – unschwäbisches Scheinen statt Sein.

Teig: 500 g Mehl, 4 Eier, Prise Salz.
Füllung: 100 g durchwachsener Speck,
1 Zwiebel (wenn vorhanden
Zwiebelröhrle), Lauch,
4 Wecken vom Vortag,
etwas Petersilie,
250 g gekochter Spinat ohne Stiele,
50 g roher Spinat, 3 Eier,
300 g feines Bratwurstbrät, Salz,
Muskat und Eiweiß

Für den Nudelteig in das Mehl eine Vertiefung machen, Eier und Salz hinzugeben. Einen glatten Teig kneten und eine Rolle formen. Diese in sechs Segmente teilen und hauchdünn zu einem etwa 18 cm breiten Rechteck ausrollen. Speck in feine Streifen schneiden und in der Pfanne glasig dünsten, Zwiebel und Lauch zugeben und ebenfalls dünsten. Die eingeweichten Wecken, Petersilie, Spinat durch den Fleischwolf drehen und mit Speck, Zwiebel und Lauch vermengen. Eier und Brät unterarbeiten, mit Salz und Muskatnuß würzen. Die Masse soll gut streichfähig sein, eventuell noch ein Ei zugeben. Die Teigbahnen gleichmäßig mit der Masse bestreichen, von der langen Seite aus zweimal umschlagen, das obere Ende des Teigs mit Eiweiß bestreichen, überschlagen und andrücken. Schräge Stücke von etwa 3 cm Breite abschneiden, in kochende Fleischbrühe geben und 10 bis 12 Minuten ziehen lassen.

Fränkische Gärtnerin

Noch bis zum Beginn unseres Jahrhunderts war der Kessel- oder Pfannenflicker ein geschätzter Handwerker, der ausreichend zu tun hatte. Denn zur damaligen Ausstattung eines Haushalts gehörten große Töpfe und Pfannen, die oft Generationen überdauerten. Aus dieser Zeit sind uns zahlreiche Eintopfrezepte überliefert, die damals bei den vielköpfigen Hausgemeinschaften häufig auf dem Küchenzettel standen. Das Gericht hat seinen Namen von den vielen Gemüsesorten erhalten, die die Hausfrau in ihrem Garten anpflanzte und für diesen Eintopf verwendete.

*600 g Hochrippe vom Rind,
1 1/2 Liter Wasser, Salz, Pfeffer,
1 Petersilienwurzel, je 200 g Bohnen,
gelbe Rüben, Kohlrabi, Wirsing,
Blumenkohl, 1 große Stange Lauch,
500 g Kartoffeln, 100 g durchwachsener Speck, 2 Zwiebeln,
Streuwürze, 1 Prise Zucker, Salz,
Petersilie*

Rindfleisch unter kaltem Wasser abspülen. Wasser in einem großen Topf aufkochen und mit Salz und Pfeffer würzen. Fleisch einlegen und aufkochen. Petersilienwurzel dazu geben und 70 Minuten leicht kochen lassen. In der Zwischenzeit Bohnen, gelbe Rüben, Kohlrabi, Wirsing und Blumenkohl putzen, waschen und in kleine Stücke schneiden bzw. den Blumenkohl in Röschen zerteilen. Lauch und Kartoffeln säubern und ebenfalls zerkleinern. Alles zum Fleisch in den Topf geben und noch 30 Minuten kochen. 10 Minuten vor der Garzeit den gewürfelten Speck in einer Pfanne auslassen. Geschälte, gewürfelte Zwiebeln darin goldgelb braten und zum Eintopf geben. Mit Streuwürze, Zucker und Salz abschmecken und mit Petersilie bestreut servieren.

Riebelesuppe

Zu Kaisers Zeiten galten Brot- oder Riebelesuppe noch als klassische Nachtessen. Bekanntlich sind die Schwaben „Suppenkasper", so sagt es jedenfalls ein altes Volksbuch, denn sie essen fünfmal am Tag Suppe. Den Schlußpunkt dieser täglichen Suppenorgie bildet die Riebelesuppe.
Sicher ist diese Zahl übertrieben. Wahr ist aber, daß zu einem richtigen Essen für den Schwaben auch eine richtige Suppe gehört. Riebele, dies sei für den Nicht-Schwaben gesagt, sind übrigens Knollen, die entstehen, wenn der feste Teig auf einem Reibeisen zu kleinen Bröseln zerrieben wird.

2 Eier, 1 Eigelb, 250 g Mehl, Salz, 1 1/2 Liter Fleischbrühe

Von den Eiern, dem Eigelb, dem Mehl und etwas Salz einen festen Nudelteig machen. Diesen dann mit dem Reibeisen stets nach einer Seite reiben. Man kann die Riebele auch durch ein Sieb schütteln, damit sie gleichmäßig fein werden. Wenn die Körner abgetrocknet sind, werden sie in der kochenden Fleischbrühe 5 Minuten aufgekocht. Zur Verfeinerung Schnittlauch dazugeben.

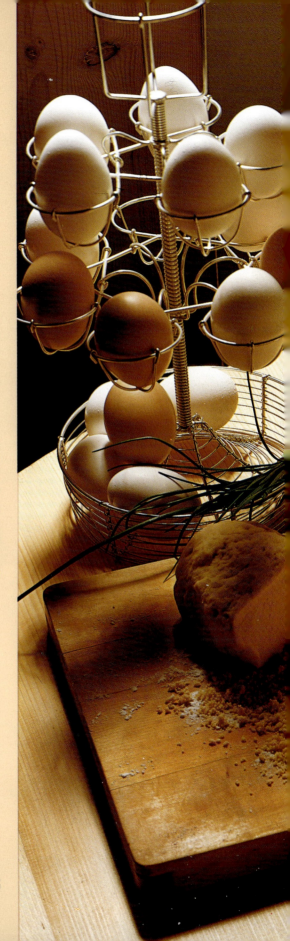

Bauländer Grünkernsuppe

Diese anspruchslose bespelzte Weizenart, weniger poetisch auch Dinkel genannt, gehört seit über dreihundert Jahren zu den Anbauspezialitäten des heute badischen Baulands zwischen Odenwald und Taubergrund. Es heißt, daß der Dinkel einst in Notzeiten vorzeitig geerntet und im Backofen getrocknet wurde: Man entdeckte so den schmackhaften Grünkern. Heute auf Darren oder bei 120° C getrocknet und vom Spelz befreit, wird er zu Schrot, Grieß, Flocken oder Mehl verarbeitet. Je höher der Anteil der olivgrünen Körner, um so besser die Qualität.

Markklößchen als Einlage, 80 g Grünkern (ganzes Korn), 1 Liter Fleischbrühe, 1 kleine Zwiebel, 80 g Butter, 2 Eigelb, 1 Tasse süßer Rahm, 1 Eßlöffel gehackte Petersilie, etwas Salz

Zuerst die Markklößchen zubereiten, in der kochenden Fleischbrühe aufschwimmen lassen, herausnehmen und warmstellen. Den Grünkern verlesen, waschen und auf ein Sieb schütten. Gewürfelte Zwiebel und Korn in Butter in einem Topf anschwitzen, mit der Fleischbrühe ablöschen, ca. 1 Stunde kochen lassen. 2 Eigelb mit dem süßen Rahm verrühren, in die nicht mehr kochende Suppe flott einrühren und über die Markklößchen in Suppenterrinen geben. Gehackte Petersilie daraufstreuen. Es ist darauf zu achten, daß der feine Röstgeschmack vom Korn nicht durch fremde Gewürze überlagert wird.

Grießklößchen- suppe

Bloß Fleischbrühe und sonst nichts drin – das ist dem Schwaben denn doch zu „nacket". Er ist ein typischer Suppenesser, eben ein „Suppenschwob", wie wir ihn als einen der legendären sieben Schwaben wiedererkennen. Doch Scherz beiseite: die Fleischbrühe mag zwar seit Jahrhunderten bekannt sein, doch ihre schmackhafte Zubereitung und – in diesem Fall – die dazugehörigen Klößchen sind eine Kunst für sich.

40 g Butter, 1 Ei, 60 g Grieß, je 1 Prise Salz und Muskat, 1 1/2 Liter Fleischbrühe

Die Butter schaumig rühren, dann das Ei, Grieß, Salz und Muskat zugeben. Das Ganze ca. 2 Stunden kaltstellen. Nun mit Teelöffeln längliche Klößchen formen und in die kochende Brühe legen – 5 Minuten kochen lassen, dann weitere 15 bis 30 Minuten ziehen lassen.

Schwarzwälder Kartoffelsuppe mit Krachele

Eine Kartoffelsuppe wie diese ist nicht nur ein Polster fürs Gemüt, sondern auch für äußere Körperteile. Die Grumbiere – auf hochdeutsch Kartoffeln (= Birnen aus der Erdkrume) – ist im badischen Offenburg sogar denkmalwürdig geworden, denn hier hatte man in heiklem Übermut den seefahrenden und räuberischen Engländer Sir Francis Drake auf einen Sockel etabliert, weil er angeblich die Erdäpfel nach Deutschland eingeführt haben soll.
Die „Krachele" aber als geröstete Schwarzbrotwürfel, die sind urheimatlich schwarzwälderisch.

---

2 Zwiebeln, Petersilie, 2 Eßlöffel Butter, 1 1/2 Liter Fleischbrühe, 600 g Kartoffeln, 4 Möhren, 150 g grobe Leberwurst, Salz, Majoran, 4 Scheiben Schwarzbrot, Safran

---

Zwiebeln und Petersilie kleinschneiden und in heißer Butter hell dünsten. Mit der Fleischbrühe ablöschen. Die kleingeschnittenen Kartoffeln und Möhren dazugeben und weichdünsten. Leberwurst zerkleinern und unterrühren, mit Salz und Majoran abschmecken. Das Brot in Würfel schneiden und in etwas Butter knusprig rösten. Mit Safran bestreuen und kurz vor dem Servieren in die Suppe geben.

Badische Lauchsuppe

Hier ist der Porree, auch Winterlauch genannt, gemeint. Eine milde, etwas erdig schmeckene Art der Zwiebelgewächse, Bestandteil des bekannten „Suppengrüns". Allzu viel Lauchgenuß soll schwächend auf die Augen wirken, andererseits entwässert er den Körper, und als Salat kann er eine Köstlichkeit sein. Man verwende nur gartenfrischen Lauch!

2 Zwiebeln, 125 g roher Schinken, 40 g Butter, 1 Liter heiße Kraftbrühe, 4 – 6 Stangen Lauch, Salz, Pfeffer, 1 Eßlöffel Mehl, 1/8 Liter Weißwein, 2 Eßlöffel saurer Rahm, 2 Eigelb, 25 – 30 g geriebener Käse, 1/2 Bund Petersilie

Die Zwiebel schälen und würfeln, den Schinken ebenfalls in Würfel schneiden. Die Butter erhitzen und darin die Zwiebel etwa 3–4 Minuten dünsten. Nun gibt man den Schinken dazu und läßt das Ganze weitere 3 Minuten braten. Dann mit ein wenig Kraftbrühe ablöschen. Den geputzten, gewaschenen und in 1 cm lange Stükke geschnittenen Lauch 5 Minuten im entstandenen Fond garen. Nun die restliche Kraftbrühe hinzugeben, mit Salz und Pfeffer würzen und noch ca. 15 Minuten ziehen lassen. Das Mehl mit Weißwein anrühren und die Suppe damit binden. Sauren Rahm zugeben, Eigelb mit etwas Suppe verquirlen und unterrühren. Die Suppe in feuerfeste Terrinen gießen, mit geriebenem Käse bestreuen und im Grill oder Backofen überkrusten. Mit feingehackter Petersilie bestreut servieren.

Saure Kutteln

Der heutige Begriff Kutteln blickt auf eine lange sprachliche Tradition zurück. Aus dem lateinischen calduna (Eingeweide) wurde im Deutschen Kaldaunen. Die Schwaben machten dann einfach ihre Kutteln daraus. Auch in anderen Landstrichen kennt man Kutteln. Da heißen sie nur anders. In Königsberg zum Beispiel nennt man sie Fleck.
Kutteln werden zubereitet aus dem gereinigten und gebrühten Vormagen der Wiederkäuer, vornehmlich des Rindes. Das Fleisch wird in Streifen geschnitten und meist mit saurer Soße zubereitet. Übrigens: Kutteln mag noch lange nicht jeder Schwabe, für viele aber ist dieses „Arme-Leut-Essen" eine ausgesprochene Leibspeise.

---

5 mittlere Zwiebeln, 100 g Fett, 800 g gekochte und in feine Streifen geschnittene Kutteln, Tomatenmark, etwas Mehl, 1/2 bis 3/4 Liter Rotwein, 1 Lorbeerblatt, 4 Wacholderbeeren, etwas Zitronenschale, Brühe, Salz, Pfeffer

---

Zuerst die Zwiebeln in heißem Fett andünsten, dann die geschnittenen Kutteln dazugeben und mit anrösten. Nach einigen Minuten Bratzeit etwas Tomatenmark hinzufügen und Farbe nehmen lassen.
Nun das Ganze mit Mehl bestäuben und mit Rotwein ablöschen. Das Lorbeerblatt und die Wacholderbeeren zugeben, etwas abgeriebene Zitronenschale beifügen und etwa – je nach Weichheit der Kutteln – ½ bis ¾ Stunde in der fertigen Soße ziehen lassen. Dann mit etwas Brühe auffüllen und abschmecken. Nur so viel auffüllen, daß ein goulaschartiges Gericht entsteht. Dazu Röstkartoffeln und grünen Salat reichen.

Schwäbische Tellersülze

Früher, als es noch keine Gefrierschränke und auch keine Konservierungsmittel gab, mußte man die Speisen auf natürliche Weise haltbar machen. Eines dieser Mittel war die Sülze, ein Absud aus Fleisch und Knochen. Schon in der Handschrift des Maister Hannsen, „des von Wirtenberg Koch", aus dem Jahre 1416 wird ausführlich über die Herstellung der „Sultz" gesprochen und auch richtig erkannt, daß „der sultz muß als vil sein, daß sy das fleisch bedecke". Nur so konnte die Sülze ihre konservierende, luftabdichtende Wirkung entfalten. Obwohl wir heute dieser Hilfsmittel nicht mehr bedürfen, hat sich die Tellersülze erhalten, ganz einfach, weil sie hervorragend schmeckt, vor allem dann, wenn sie noch selbst zubereitet wird.

*1 kg Schweinsknöchle,
500 g mageres Schweinefleisch,
1 Schweinszunge, 2 Kalbsfüße, Essig,
Salz, Pfefferkörner,
1 Lorbeerblatt, 2 Nelken*

Alles zusammen wird in genügend Wasser, Essig und Salz nach Gutdünken weichgekocht. Pfefferkörner, Lorbeerblatt und zwei Nelken dazugeben.
Wenn das Fleisch weich ist, wird es schön verteilt auf die Suppenteller gegeben. Zur Verzierung kann man noch Scheiben von hartgekochten Eiern dazulegen. Die Brühe läßt man inzwischen weiter- und einkochen, dann erkalten. Fett abschöpfen, die Brühe wieder erwärmen, abschmecken, durch ein Tuch seihen und über das Fleisch gießen, dann erkalten lassen.

Saurer Käs

Das morgendliche Vesper gehört auch heute noch für viele Schwaben zu einer festen Institution – obwohl der moderne Arbeitsprozeß dies eigentlich gar nicht mehr zuläßt. Das Vesper ist nicht mit dem Frühstück zu verwechseln, sondern wird zwischen morgens und mittags eingenommen – und dann darf es natürlich etwas Deftiges geben, das nicht den Appetit auf die folgenden Mahlzeiten nimmt – saurer Käs ist da ideal! Der moderne Schwabe hat übrigens aus der (Zeit-) Not eine Tugend gemacht: Er vespert jetzt doppelt so ausgiebig und genüßlich abends!

2 Brühwürste aus frischem Fleisch, 2 Blutwürste (auch ,,Schwarze Würste" genannt), 200 – 250 g Schweizer Käse, 2 – 3 Zwiebeln, je ein Schuß Öl und Essig, 1 Teelöffel Senf, Salz und Pfeffer nach Geschmack

Die Würste und der Käse werden zu feinen Würfeln geschnitten und mit den zu Ringen geschnittenen Zwiebeln vermengt. Aus Öl, Essig und dem Senf rührt man unter Beigabe von wenig Salz und Pfeffer eine Salatsoße, die über die Wurst- und Käsewürfel gegeben wird. Am besten läßt man den Sauren Käs ein wenig ziehen, dann schmeckt er einfach besser. Ideal ist es, ihn am Abend vor dem Verzehr zuzubereiten.

Weißer Käse und Gequellte

Gequellte Grumbeere, zu hochdeutsch Pellkartoffeln, sind in der Pfalz die Grundlage fast jeglicher Nahrungsaufnahme. Als gewiß darf gelten, daß kaum irgendwo so viele Kartoffeln gegessen werden wie in der Pfalz. In Kombination mit Kartoffeln liebt man das Einfache. Natürlich auch Braten, Bratwürste und dergleichen. Aber ein wahrer Pfälzer Feinschmecker kehrt immer wieder gerne zu den schlichten Gerichten, wie sie die Landschaft hervorgebracht hat, zurück und ist enttäuscht, wenn die Freunde keinen Gefallen daran finden.

1 kg Magerquark, 2 Becher Sahne, 2 Zwiebeln, 2 Bund Schnittlauch, Pfeffer, Salz, nach Belieben etwas Paprika oder auch Kümmel

Den Magerquark mit der Sahne sämig aufschlagen. Zwiebeln und Schnittlauch fein schneiden, dazugeben und nach eigenem Geschmack mit Pfeffer, Salz, Paprika oder auch Kümmel würzen. *Weiße Käs* nennen das die Pfälzer. Dazu heiße, wenn's geht, neue Kartoffeln und ein Stück frische Butter garantieren einen Hochgenuß! Als Getränk haben Sie reiche Auswahl, denn von Sauermilch über Bier und Apfelmost bis zum funkelnden Pfälzer Wein paßt alles zu diesem Gericht.

Schwarzer Wurstsalat

Das Vesper ist eine ausgeprägte schwäbische Spezialität. Und daß man anderswo mit diesem Begriff nicht so recht etwas anzufangen weiß, zeigt die kleine Episode, als ein Norddeutscher diese Zwischenmahlzeit des Schwaben als die Vesper bezeichnete. Also – das Vesper ist eines jener Dinge, die dem Schwaben heilig sind. Noch um die Jahrhundertwende gab es ausgesprochene Vesperstuben, in denen die kleine Vesperkarte oft mehr bot als manche Menükarte heutiger Gasthöfe. So finden wir zum Beispiel auf einer Karte aus dem Jahre 1912 unter anderem: Ochsenfleisch mit Beilagen – Gulasch vom Kalb – Schnitzel – Beefsteak – Kalbskopf en tortue – Kalbshirn gebacken – Kalbsfuß in Soße – Kalbsleber gedämpft oder sauer – Drei saure Eier – Saitenwürste mit Meerrettich – Pastetchen. Da das Zeitalter der Industrialisierung auch dem Schwaben seinen Einfluß aufzwang, sank die Bedeutung des früher opulenten morgendlichen Vespers auf ein oder zwei Wecken, am Arbeitsplatz eingenommen, zurück. Und das früher ebenfalls übliche nachmittägliche Vesper wird mehr und mehr zum Abendessen des Schwaben. Eines der klassischen Vesperrezepte ist der Salat aus schwarzer Wurst.

600 g harte schwarze Wurst mit der Haut in dünne Scheiben geschnitten, Salz, weißer Pfeffer, 1 Prise Zucker, 6 Eßlöffel Zwiebelwürfel, 5 Eßlöffel Apfelessig, 4 Eßlöffel Wasser, 5 Eßlöffel Öl

Alle Zutaten mischen und den Salat in einer Schüssel, ausgelegt mit Kopfsalat, anrichten.

Winzersalat mit Estragondressing

Nur die Blätter des frischen Estragons werden zum Würzen des Salats genommen, der Rest braucht aber nicht weggeworfen zu werden. Blätter und Zweige, die übrig bleiben, kann man in Öl einlegen oder zum Würzen von Essig benützen.

250 g gekochtes oder gebratenes Hähnchenfleisch, 1 Zwiebel, 1 Bund Radieschen, 100 g Edamer, je 100 g blaue und weiße Weintrauben, 100 g grüne Bohnen, 2 Tomaten, 100 g Walnußhälften. Für die Salatsauce: 100 ml Öl, 100 ml Essig, 1/8 Liter Roséwein, 1/16 Liter Traubensaft, 1 EL grüne Pfefferkörner, Salz, Pfeffer, 1 Prise Zucker, etwas Worcestersauce, 1 Bund Estragon

Das Hähnchenfleisch in Scheiben schneiden. Die Zwiebeln und Radieschen putzen und ebenfalls in dünne Scheiben schneiden. Den Edamer würfeln. Die Trauben waschen, halbieren und entkernen. Die Bohnen putzen und in Salzwasser 5 Minuten dünsten. Die Tomaten enthäuten, entkernen und in Streifen schneiden. Die Walnußhälften mit den übrigen Zutaten in eine Schüssel geben und vermischen.
Für die Sauce das Öl mit dem Essig, dem Roséwein und dem Traubensaft verrühren, die Pfefferkörner zugeben. Mit Salz, Pfeffer, Zucker und Worcestersauce abschmecken. Die verlesenen, gewaschenen und feingehackten Estragonblättchen in das Dressing geben. Den Salat damit übergießen, die Sauce vorsichtig unter den Salat mischen und im Kühlschrank 30 Minuten ziehen lassen.

Krautwickerle

Bei den Angelsachsen soll Kohl schon im 5. Jahrhundert Volksnahrung gewesen sein. Aber auch die Römer müssen ihn gekannt haben, denn sie haben ihm den Namen gegeben. Damals hieß er ‚caput', woraus sich dann Kappus und Kappes formte — eine Bezeichnung, die noch heute in vielen Landstrichen Deutschlands verwendet wird.

1 Weißkohl, 400 g Hackfleisch (nur vom Schwein oder von Schwein und Rind gemischt), 1 kleingehackte Zwiebel, 4 Eier, Salz, Pfeffer, Muskat, 4 Scheiben Speck

Weißkohl im kochenden Wasser brühen, danach die einzelnen Blätter freilegen. Hackfleisch, Zwiebel, Eier und etwas Wasser vermengen und mit Salz, Pfeffer und Muskat würzen. Jeweils 100 g Hackfleischmasse in 3 bis 4 Krautblätter einwickeln, eine Speckscheibe darüberlegen und in einer Pfanne ca. 60 Minuten gardünsten. Auf Kartoffelbrei anrichten.

Schwäbischer Zwiebelkuchen

Wie so viele Gemüsearten kannten die Chinesen die Zwiebel schon sehr früh. Über Babylonien gelangte sie zu den Griechen und Römern, die sie im 1. Jahrhundert n. Chr. nach Germanien brachten. Hier fand die Zwiebel aber erst seit Ende des Mittelalters größere Verbreitung, denn auf den Ritterburgen galt es als unfein, sie zu essen – sie roch für den damaligen Geschmack einfach zu stark.
Ganz anders heute. Die Zwiebel dient für viele Gerichte als schmackhafte Beigabe. Für das folgende Rezept ist sie sogar unverzichtbare Grundlage. Zwar ist der Zwiebelkuchen auch eine elsässische Spezialität, doch verstehen sich die Schwaben ebenso gut darauf.

*Für den Hefeteig: 250 g Mehl, 1 Ei, 100 g Butter, 1 Prise Salz, 1/8 Liter Milch, 20 g Hefe.
Für die Füllung: 1 kg Zwiebeln, 50 g Speckwürfel, 1/4 Liter saure Sahne, 2 Eier, 20 g Mehl, je 1 Prise Kümmel und Salz*

Die Zutaten für den Hefeteig miteinander verrühren und an warmer Stelle ca. 30 Minuten gehen lassen. Die Zwiebeln in Scheiben schneiden und mit Fett weichdünsten, ohne daß sie Farbe annehmen. Nun die Speckwürfel kurz anbraten und mit der sauren Sahne, den Eiern, Mehl, Kümmel und Salz verrühren und das Ganze mit den Zwiebeln vermengen. Den Hefeteig ausrollen und ihn auf ein gebuttertes Kuchenblech legen. Nun die Füllmasse gleichmäßig über den Teig verteilen und im Backofen bei 220° ca. 1 Stunde goldgelb backen.

Gesalzener Rahmkuchen

Theodor Heuss, der erste Präsident der Bundesrepublik, sagte einmal: „Mit einiger Schüchternheit nenne ich auch eine herrliche Spezialität, die manchem Freund als barbarisch erscheint: das ist der Zwiebelkuchen..." Wessen Sache der Zwiebelkuchen nicht ist oder wer ihn seinen Gästen nicht unbedingt vorsetzen möchte, probiere es doch einmal mit dem nachfolgenden Rezept des gesalzenen Rahmkuchens, denn heiß serviert zu einem Glas altem oder auch neuem schwäbischem Wein, ergibt sich eine jener angenehmen Überraschungen, die man immer wieder erlebt, wenn man alte Rezepte oder früher übliche Gerichte ausgräbt. Auch bei Kirben (Kirchweihen) und Heimatfesten taucht immer öfters diese alte Spezialität wieder auf, und sie ist es wahrhaftig wert, eine weite Verbreitung zu finden.

Teig: 200 g Mehl, 60 g Fett (evtl. Schweineschmalz), 1 Prise Salz, 1/10 Liter Milch.
Belag: 2 Becher saure Sahne, 3 Eigelb, Salz, Schnittlauch, Kümmel

Die Zutaten zu einem glatten Mürbteig kneten, 30 Minuten kaltstellen, dann eine gefettete Form damit auslegen.
Auch die Zutaten des Belags glattrühren und Masse auf dem Teig verteilen, reichlich Schnittlauch und etwas Kümmel darüberstreuen und Butterflöckchen aufsetzen.
Backzeit: ca. 30 Minuten bei 200° C.
Der Rahmkuchen sollte sehr heiß serviert und gegessen werden.

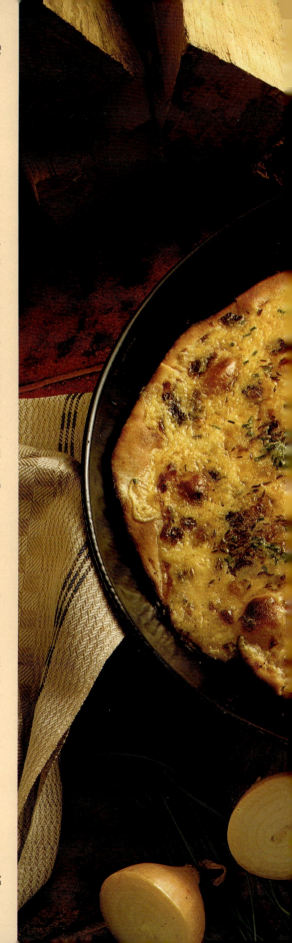

Reichenauer Frühlings-Quiche

Mindestens seit dem 9. Jahrhundert werden auf der Insel Reichenau im Bodensee Arzneikräuter, Gewürze, Gemüse, Salate, Obst, dazu ein vorzüglicher Wein angebaut. Damals wurden die Dinge vor allem für den Bedarf des großen Klosters benötigt.

200 g Blumenkohlröschen, 200 g Brokkoliröschen, Butter, Pfeffer, Salz, 200 g Karotten, Zucker, 200 g Blattspinat, Schalotten oder Zwiebeln, Knoblauch, 100 g Gartenkresse, 250 g Blätterteig (aus der Gefriertruhe), getrocknete Erbsen oder Bohnen, Béchamelsoße

Blumenkohl und Brokkoli blanchieren, in Eiswasser abschrecken und in etwas Butter mit Pfeffer und Salz kurz heiß schwenken. Die Karotten schälen, in Scheiben schneiden, mit etwas Salz, Zucker und Pfeffer in Butter glacieren. Den Spinat waschen, blanchieren, abschrecken, leicht auspressen und in einer Kasserolle mit Schalotten, Knoblauch und Butter kurz anschwenken. Die Gartenkresse waschen, blanchieren, abschrecken, stark auspressen und durch den Wolf drehen.
Eine gebutterte Kuchenform mit dem Blätterteig auslegen und mit einer Gabel mehrmals einstupfen. Mit getrockneten Erbsen oder Bohnen auffüllen und in den heißen Backofen schieben. Wenn der Teig Farbe bekommen hat, läßt man ihn abkühlen und schüttet die Hülsenfrüchte heraus. Die Gemüse vorsichtig vermischen und auf dem Teig verteilen. Die Kresse wird mit einer leichten Béchamelsoße vermischt und über den Kuchen gegossen. Den Kuchen bei ca. 180° C im Backofen 1/2 Stunde backen.

Käsespatzen

Es gibt Dutzende von Rezeptkombinationen, die mit Spätzle möglich sind. Eine der verbreitetsten und auch eine der wohlschmeckendsten sind zweifelsohne die Käsespatzen oder Käseknöpfle, die vor allem im Allgäu und im schwäbischen Oberland auf den Tisch kommen. Dort gelten sie – nicht zu Unrecht – sogar als ausgesprochenes Festessen. Wer sich übrigens das Handschaben der Spätzle nicht zutraut, was immerhin eine gewisse Übung erfordert, der kann sie auch mit einem sogenannten Spatzendrücker herstellen oder noch einfacher sie gar fabrikfertig kaufen. Hierbei laufen Sie allerdings Gefahr, und darauf muß hingewiesen werden, daß Ihnen diese Erzeugnisse mit dem Attribut „Faule-Weiber-Spätzle" versehen werden.

500 g Mehl, 3 Eier, 2 Teelöffel Salz, 1/4 Liter Wasser, 2 Eßlöffel Butter, 100 g geriebener Käse, geröstete Zwiebelstückchen

Aus Mehl, Eiern, Salz und Wasser einen festen, glatten Teig herstellen (siehe Spätzle) und ihn möglichst schnell durch ein großlöchriges Sieb in reichlich kochendes Salzwasser drücken. Die Spatzen erst nach dem Aufkochen herausfischen. Die Butter erhitzen und im Wechsel eine Schicht Spatzen und eine Schicht Käse zufügen. Bei geringer Hitze ziehen lassen und mit gerösteten Zwiebelstückchen darüber sofort anrichten. Wichtig ist, daß die Käsespatzen heiß auf den Tisch kommen, weil sonst die Speise an Wohlgeschmack verliert. Es müssen also alle Gäste oder Familienmitglieder bereits am Tisch sitzen, wenn Sie die Käsespatzen auftragen. Es ist alter Brauch, daß alle Anwesenden aus einer Schüssel essen.

Spargelauflauf

Ein Bischof wurde von einem Prälaten, der wegen seiner Spargelzucht bekannt war, eingeladen, sich persönlich einen Spargel zu stechen. Siehe da, einer streckte bereits sein Köpfchen aus der Erde, und der Bischof nahm das Messer, stach, der Spargel hob sich und hob sich – und entpuppte sich als ein riesiges Monstrum. Gastgeber und Bischof lachten herzlich, denn beim Drechsler hatte der Prälat eigens dieses anzügliche Exemplar bilden und bemalen lassen.

---

1 kg Spargel.
Béchamelsauce: 2 Zwiebeln,
3 Eßlöffel Speckwürfelchen,
3 Eßlöffel Butter, 2 Eßlöffel Mehl,
1/4 Liter Spargelwasser, 1/4 Liter
Milch, Salz, Pfeffer, 1 Eßlöffel
Zitronensaft, 1 Eßlöffel Rahm.
4 Eigelb, 4 Eiweiß, 4 Eßlöffel
gehackter Schwarzwälder Schinken

Spargel schälen und garkochen. In vier Auflaufförmchen ca. 2 cm lange Spargelabschnitte als Bodenbedeckung einlegen. 20 Spargelspitzen 2 cm länger, als die Auflaufförmchen hoch sind, abschneiden und zur Seite legen. Nun für die Soße die würflig geschnittenen Zwiebeln und den Speck in Butter dünsten, Mehl hinzugeben, hellgelb rösten, mit dem Spargelwasser ablöschen, Milch zugießen, aufkochen lassen und abschmecken mit Salz, Pfeffer, Zitrone und Rahm. Den restlichen Spargel pürieren und mit den Eigelb und dem zu Schnee geschlagenen Eiweiß unterziehen. In jedes Förmchen 5 der Spargelspitzen aufrecht an den Rand stellen, so daß die Spitzen ca. 2 cm überstehen. Dann die Auflaufmasse bündig einfüllen. Im Ofen aufziehen und etwas gehackten Schwarzwälder Schinken vor dem Servieren darüberstreuen.

Gefüllter Pfannkuchen

Hier wollen wir Ihnen anstelle der Aufzählung von zwei Dutzend Pfannkuchenarten die Verse eines Kraichgauer Biedermannlehrers zitieren:

Für Anne

Die Pfanne
als ein Kücheninstrument
ist etwas, wenn es heiß,
die Finger leicht verbrennt;
der Kuchen drin, der weiß,
daß man ihn Pfannekuchen nennt.
Und schließlich, von der Pfann' getrennt,
wird er mit Lust verzehrt.
Besonders ist er sehr begehrt,
wenn in der Pfannekuchenpfanne
er ohne Kochkunstpanne
und zweimal um sich selbst gekehrt
nicht an der Pfannekuchenpfanne
wie Kleister klebt. Dies merk dir, Anne!

Teig: 4 – 6 Eier, 100 g Mehl, 1 Tasse Milch, 1 Prise Salz, 50 g Backfett. Füllung: 300 g Leber vom Schwein, 200 g Schweinefleisch, Salz, Pfeffer, Cognac, Majoran, Muskat und Nelkenpulver. Panade

---

Aus Eiern, Mehl, Milch, Salz einen Pfannkuchenteig herstellen und dünne große Eierkuchen im heißen Fett ausbacken. Leber und Schweinefleisch fein durchdrehen und mit Salz, Pfeffer, etwas Cognac und den übrigen Gewürzen abschmecken. Die Masse in die Pfannkuchen streichen, aufrollen und mit einem Schrägschnitt die Länge einmal teilen, wobei die Stücke nicht länger als 8–10 cm sein sollten. Die Pfannkuchenstücke panieren und in schwimmendem Fett ausbacken. Dazu Tomatensoße und grünen Salat servieren und zur Abwechslung ein schönes kühles Bier.

Lauchkuchen

An diesem Rezept beweist sich wieder einmal die Tüftelkunst urbadischer Köche. Das *Chriesiwässerli* hat die heilsame Aufgabe, einer Art Gemüsekuchen das Krönchen aufzusetzen, indem dieser Hausgebrannte alle möglichen Unarten eines leichten Zwiebelgeschmacks beseitigt. Man muß in diesem Falle sehr behutsam das eine wie das andere dosieren. Auf jeden Fall: eine unverwechselbare Spezialität. Ihre Gäste werden überrascht sein!

1 fertig gekaufter Blätterteig (Tiefkühlware), 1,5 kg Lauch, etwas Butter, 1/8 Liter Milch, 1/8 Liter Sahne, 200 g geriebener Emmentaler, 4 Eier, Salz, Muskat, Pfeffer, 2 Schnapsgläser Schwarzwälder Kirschwasser

Die Backform mit dem Blätterteig auslegen. Den geputzten, gewaschenen und in feine Streifen geschnittenen Lauch in der Butter andünsten und auf dem Blätterteig verteilen. Aus Milch, Sahne, Eiern und Käse unter ständigem Rühren bei kleiner Hitze eine Soße zubereiten. Die Soße mit Salz, Muskat, Pfeffer und Kirschschnaps abschmecken. Mit dieser Masse die Form auffüllen und etwa 1 Stunde bei 150° C im Backofen backen.

Chratzete

So wie es nur im Alemannischen die Saustude, Pißangelie, Seicher oder Pissenlit – nämlich jungen Löwenzahnsalat voll wassertreibender Kraft gibt, so auch nur hier die, den oder das Chratzete. Wer Chratzete vollendet zuwege bringt, der kann sich vor allem bei Spargelfanatikern lieb Kind machen, denn im Südbadischen gehört diese Spezialität zu einem festlichen Spargelmahl. Hier sitzen auch die klassischen Chratzete-Experten, wobei ich die Könnerinnen bevorzuge: Sie zerreißen das Omelette mit der temperamentvollen Energie eines Hennenfußes, denn nur so wird den Teilchen des Teiges ihr besonderer Geschmack entlockt! Es bleibt jeder einfallsreichen Frau, die ebenso gern kocht, wie sie liebt, überlassen, Chratzete auch Fleischspeisen beizugeben.

150 g Weizenmehl, 3/8 Liter Milch, Prise Salz, 4 Eier, Fett zum Backen

Das Mehl in der Milch mit Salz verrühren, Eier dazuschlagen und diesen Teig ganz dünn in wenig heißem Fett, wie zu Pfannkuchen, auf einer Seite goldgelb backen. Den Pfannkuchen wenden und mit Eßlöffel und Gabel in kleine Streifen zerreißen oder kratzen, daher „Chratzete", und noch recht knusprig backen. Beliebte Beilage zu Spargel, aber auch zu vielen anderen Gerichten.

Spargel auf Blattspinat

Wenn wir heute zu jeder Jahreszeit Spargel genießen können, so ist dies vor allem das Verdienst eines gewissen Herzogs Karl, der nun ausnahmsweise einmal kein Schwabe war. Dieser Herzog hatte seine Residenz zu Beginn des 19. Jahrhunderts in Braunschweig und lernte die Spargelkonserven während eines Besuches in Paris kennen – worauf er flugs einen Braunschweiger Professor nach Paris entsandte, der das Geheimnis der Blechdose mit an den Braunschweiger Hof brachte. Noch heute befindet sich im Braunschweiger Flachland eines der Hauptanbaugebiete deutschen Spargels.

1,5 kg frischer Spargel, etwas Salz und Zucker, 400 g frischer Blattspinat, 8 ganze Tomaten, 10 ganze Champignons, 100 g Sauerampfer, je eine kleine Prise Salz, Pfeffer, Glutomat, Aromat, 1/10 Liter Öl, 1/10 Liter Weinessig

Den Spargel schälen, ins kochende Wasser geben, das mit etwas Salz und Zucker gewürzt ist, und ca. 15 – 20 Minuten ziehen lassen. Nun den Blattspinat putzen und ganz kurz in kochendem Wasser wallen lassen, dann sofort ins kalte Wasser geben. Die Tomaten abziehen und entkernen, Champignons waschen und in Scheiben schneiden. Den Sauerampfer in Streifen schneiden.
Zum Dressing in eine Schüssel Salz, Pfeffer, Glutomat und Aromat geben, danach Öl und Weinessig langsam dazugießen. Angerichtet wird in tiefen Tellern: den marinierten Spinat links und rechts, den heißen Spargel in die Mitte und die Würfel von abgezogenen Tomaten, die rohen Champignons und den Sauerampfer über die Enden des Spargels geben.

Spätzle

Im ersten Teil dieses Buches wurde schon ausführlich über die berühmteste Spezialität der schwäbischen Küche gesprochen. Lassen wir hier nochmals einen begeisterten Verseschmied in einer Ausgabe des „Schwarzwälder Boten" aus dem Jahre 1838 zu Wort kommen:

*Oh gehet hin zum Küchenmädchen,
wie sie den Teig zerklopft und rührt,
und selben auf ein Spätzlesbrettchen
mit ihrem Spätzlesmesser schmiert!
Die Masse wird aus Mehl und Eier
mit lauem Wasser angemacht,
die Schwaben-Spätzle sind nicht teuer,
was ihren Wert noch größer macht.*

*250 g Mehl, 2 Eier, 1 Teelöffel Salz,
1/8 Liter Wasser; zum Schmälzen:
1 Eßlöffel Butter,
1 Eßlöffel Weckmehl*

Aus den Zutaten einen zähen Teig schlagen, den man so lange mit dem Rührlöffel oder Knethaken bearbeitet, bis er Blasen wirft. Nun gibt man einen Teil des Teigs auf das nasse Spätzlesbrett und schabt mit einem Spatzenschaber oder einem langen, breiten Messer dünne Streifen in das kochende Salzwasser. Das Wasser muß immer sprudelnd kochen, solange man die Spätzle einlegt. Sobald sie wieder hochsteigen, nimmt man sie mit einem Schaumlöffel heraus, zieht sie durch frisches, heißes Salzwasser und richtet sie dann auf einer erwärmten Platte an, nachdem man sie hat gut abtropfen lassen.
Wenn der gesamte Teig in dieser Weise angerichtet ist, wird das Ganze zuletzt mit in Butter geröstetem Weckmehl geschmälzt.
Wer besondere Ehre mit seinen Spätzle einlegen möchte, nehme für den Teig kein Wasser, sondern so viel Eier, wie das Mehl schluckt. Ein Tip ist auch Beigabe eines Teelöffels Öl, was den Teig geschmeidiger macht.

80

Kartoffelsalat

Die Schwaben, als fleißiges Volk bekannt, gelten auch als große Erfinder. Es wird ihnen nachgesagt, sie hätten auf den Liberalismus, das Mineralwasser, die Spätzle, das Auto, den Zeppelin, Herrn Einstein und den Kartoffelsalat Urheberrechte. Für den Kartoffelsalat hat jede Schwäbin ihre eigene Sorte, auf keinen Fall diejenige, die der Preußenkönig Friedrich der Große vor 200 Jahren in Deutschland heimisch machte. So wird der Salat von Fall zu Fall eher breiig, eher fest in der Konsistenz. Angeblich sollen viele Schwaben, wenn sie aus den Ferien in ihr Ländle zurückkehren, als erstes auf einen zünftigen Kartoffelsalat Appetit verspüren. Ich kenne einen bekannten schwäbischen Publizisten, der mir einmal hinter vorgehaltener Hand zuflüsterte: „Ich kann's ja kaum offiziell gestehen, aber es ist nun mal so: Mein Lieblingsgericht ist gebackener Leberkäs mit Kartoffelsalat!" Dazu noch ein kühles Bier, Mensch – was willst Du mehr!

---

8 mittelgroße Salatkartoffeln,
1 Zwiebel, 10%iger Weinessig, Salz,
Sonnenblumenöl,
weißer gemahlener Pfeffer,
etwas warme Fleischbrühe

Die Kartoffeln in der Schale weichkochen, dann pellen und auf Handwärme abkühlen lassen. Nun werden sie in dünne Scheiben geschnitten und die feingehackte Zwiebel hinzugefügt. Aus Essig, Salz, Öl, dem Pfeffer und etwas warmer Fleischbrühe eine Marinade bereiten und zu den Kartoffeln geben. Gut durcheinandermengen. Der Salat muß schön feucht sein.

Grünkernküchle

Nachdem Grünkerngerichte jahrzehntelang in Vergessenheit geraten waren, erleben sie neuerdings eine Renaissance. Man entdeckte den biologisch wertvollen Gehalt des „grünen Kerns" an Eiweiß und zahlreichen Mineralstoffen neben wenig Fett. Selbst Gourmet-Tempel scheuen sich nicht mehr, Grünkernklößchen, Grünkernpfannkuchen oder Pichelsteiner Topf mit Grünkern zu offerieren. Im Rezeptbuch des badischen Hofkochs Joseph Willet (1834) wird vor allem ein „Purée von grünen Kernen" hochgelobt, das mit Röstbrot serviert wurde. – Am ehesten erhält man Grünkern in Reformhäusern oder wohlsortierten Feinkostläden.

100 g Grünkernmehl, 1/4 Liter Wasser, 250 g Hackfleisch (gemischt), 100 g Räucherspeck, 50 g Zwiebel, 1 – 2 Eier, Salz, Pfeffer, Muskat, etwas geriebener Knoblauch, Fett zum Ausbacken

Das Grünkernmehl in 1/4 Liter Wasser einrühren und kochen, bis sich die Masse vom Boden löst. Das fein durchgedrehte Hackfleisch und den würfelig geschnittenen Räucherspeck mit gehackter Zwiebel anschwitzen, 1 – 2 Eier sowie den Grünkernbrei daruntermischen und mit Salz, Pfeffer, Muskat und Knoblauch abschmecken. Aus der Masse Küchlein formen und schön braun ausbacken. Man kann bei Belieben den Satz in der Pfanne ablöschen und eine kräftige Soße zubereiten. Zu den Grünkernküchle paßt ausgezeichnet ein leichter Weißherbst oder mittelschwerer Weißburgunder.

Schupfnudeln auf Sauerkraut

Schupfen ist ein oberdeutsches Wort und bedeutet soviel wie wegstoßen. Die Schupfnudeln, ein vor allem in Oberschwaben beliebtes Gericht, haben ihren Namen von der typischen Bewegung, mit der sie hergestellt werden – sie werden auf dem Backbrett mit der flachen Hand weggerollt, weggestoßen. Die schwäbische Küche ist oftmals derb, ebenso die Sprache. So nennt der Volksmund die Schupfnudeln wegen ihrer Form auch Bubaspitzle – oder noch deutlicher Bauraseckele. Man kann die Schupfnudeln in kochendem Wasser garen (wobei Kartoffel- und Mehlanteil etwa gleich sein sollten), oder man bäckt sie in der Pfanne in heißem Fett aus (dann sollten sich Kartoffeln und Mehl ungefähr wie 3 : 1 verhalten). Die Kombination der Schupfnudeln mit Sauerkraut ist außerordentlich reizvoll.

500 g gekochte Kartoffeln,
500 g Mehl, 1 Ei, Muskat, Salz,
2 Zwiebeln, 100 g Fett,
500 g rohes Sauerkraut

1–2 Tage alte, gekochte Kartoffeln durch die Kartoffelpresse drücken und mit dem Mehl, dem Ei, etwas Muskat und einer Prise Salz zu einem festen Teig kneten. Auf dem bemehlten Backbrett zu fingerlangen und fingerdicken Würstchen formen, „schupfen". In kochendes Wasser geben und nach dem Aufschwimmen mit dem Schaumlöffel herausnehmen und auf dem Backbrett zum Trocknen auslegen. Zwiebeln fein schneiden, in heißem Fett hellgelb rösten, Sauerkraut hinzugeben und heiß dämpfen. Dann die Schupfnudeln beimengen und alles unter öfterem Wenden hellbraun anbacken.

Saure Kartoffelrädle

Ferdinand Pizarro, der spanische Eroberer, lernte 1526 die Kartoffel bei den Inkas kennen. Über Italien kamen sie dann nach Deutschland und England. Ab 1585 wurden ihre Stauden als besondere Kuriosität in den botanischen Gärten von Nürnberg, Frankfurt und Breslau gezüchtet. Bis zur Französischen Revolution blieben die Kartoffeln eine Delikatesse der Reichen.

In Deutschland machte Friedrich der Große aus der Not eine Tugend. Während einer großen Hungersnot befahl er seinen Bauern in Pommern und Schlesien den Kartoffelanbau. Vor allem die Schwaben haben sich erst unter dem äußersten Zwang des Hungers mit der Kartoffel arrangiert. Dann allerdings erfanden sie auch besonders raffinierte Zubereitungsweisen, zu deren bemerkenswertesten die sauren Kartoffelrädle gehören.

*1 kg Kartoffeln, 30 g Fett,
50 g Mehl, 1 Eßlöffel geschnittene Zwiebeln, 3/4 Liter Wasser,
1 Prise Salz, 3 Eßlöffel Essig,
nach Belieben 1 Nelke,
2 Lorbeerblätter, etwas Liebstöckel*

Die Kartoffeln kochen und in Scheiben schneiden. Aus dem Fett, Mehl und den Zwiebeln eine Einbrenne herstellen, die mit Wasser und den anderen Zutaten aufgefüllt wird und anschließend noch 25 Minuten durchkochen muß. Nachdem das Lorbeerblatt und die Nelke herausgenommen sind, werden die warmen Kartoffelscheiben beigefügt und noch kurze Zeit gekocht. Dazu passen Saitenwürstle oder Rote Würste. Es soll auch Schwaben geben, die zu diesem Gericht noch Spätzle servieren, aber das ist nicht die Regel.

Speckkartoffelsalat

Eine der bekanntesten Pfälzerinnen war zweifellos Elisabeth Charlotte (1652–1722), Liselotte von der Pfalz genannt. Sie heiratete den Herzog Philipp von Orléans, den Bruder des Königs Ludwig XIV. Berühmt und viel zitiert sind ihre urwüchsigen Briefe, die sie aus dem höfisch-eleganten Frankreich in ihre Heimat sandte, an der sie zeit ihres Lebens hing. Die Tochter des Heidelberger Kurfürsten war nicht eben schlank, und in ihren Briefen ist auch oft von Essen und Trinken die Rede. In einem Brief vom 6. Mai 1700 erinnert sie an ein Lieblingsgericht ihrer Heimat und schreibt: „... wir aßen nicht so delikate sachen, als wie chocolat, café und thé, sondern wir fraßen einen guten krautsalat mit speck".
Ob Liselotte schon Kartoffeln schätzte, ist sehr fraglich, denn zu jener Zeit war dieses Gewächs allenfalls als Zierpflanze gebräuchlich. Daß die bodenständige Pfälzer Küche ihrer Liselotte zu Ehren das Kraut durch Kartoffeln ersetzte, ist aber sicher kein Delikt von Geschichtsverfälschung.

*2 Pfund Salatkartoffeln,
250 g durchwachsener
Räucherspeck, 2 große Zwiebeln,
Salz, Pfeffer, eine Prise Zucker,
Essig, 1/2 Liter heiße Fleischbrühe*

Kartoffeln kochen, schälen und warm in dünne Scheiben schneiden. Mit der heißen Fleischbrühe übergießen und richtig durchtränken. Räucherspeck und Zwiebeln fein würfeln und in einer Pfanne goldgelb anrösten. Zu den Kartoffelscheiben geben. Mit Salz, Pfeffer, Zucker und Essig kräftig abschmecken. Warm servieren.

Leberspätzle

Spätzle sind das Leib- und Magengericht, sozusagen die Nationalspeise der Schwaben. „Sie sind das Fundament unserer Küche, der Ruhm unseres Landes, der Prüfstein für die hausfrauliche Ehrbarkeit der Schwäbinnen und den Auslandsschwaben eine handfeste Stütze ihres Heimatgefühls... Spätzle 'mache' ist eine uns angeborene Kunst, dem Fremden fast so wenig erlernbar wie unsere Sprache."
Soweit ein berühmter Schwabe.
In der Tat versteht es fast jede Schwäbin, handgeschabte Spätzle zuzubereiten, wobei im Norden des Landes die Spätzle vorherrschen und im Süden die Knöpfle begehrter sind. Da sind von Dorf zu Dorf die größten Überraschungen möglich. Eine der bekanntesten und beliebtesten Varianten dieser Mehlspeise sei hier vorgestellt:

250 g Mehl, 2 Eier,
250 g feingehackte Rinds- oder
Kalbsleber, reichlich Zwiebeln,
Petersilie, Salz, Muskat, Pfeffer
oder Paprika, etwas Wasser.
Zum Schmälzen 1 Eßlöffel Butter

Aus den angegebenen Zutaten macht man einen festen, glatten Teig, den man so lange schlägt, bis er Blasen wirft. Nun auf das nasse Spätzlesbrett einen Teil des Teiges streichen und mit einem speziellen Schaber oder einem breiten Messer schmale Streifen in das kochende Salzwasser schaben. Ein paarmal aufkochen lassen, dann mit einem Drahtlöffel herausnehmen und in heißem Salzwasser schwenken. Warmstellen. Zuletzt das Ganze in Butter schmälzen. Als Beilage frischen Kopfsalat reichen.

Weckknödel

Am 3. März ist Kunigundentag, und dann ißt man in Thüringen Klöße und in Bayern Knödel. Die Schwaben sind da etwas weniger traditionsbewußt. Ihre Semmelknödel sind immer beliebt. Verzeihung! Das Wort Semmel kennt der Schwabe nicht – von Grenzgebieten zu Bayern abgesehen. Für ihn sind Semmeln Wecken, also sind dies hier Weckknödel. Doch neugierig sind sie auch, die Schwaben, und sie wollen wissen, wie die Kunigunde auf den Knödel kam. Das war so: Kunigunde, die sich ausgezeichnet aufs Knödelkochen verstand, soll einem dieser runden Leckerbissen eine ihrer goldblonden Locken beigegeben haben. Dadurch gewann sie den Landgrafen, denn der erste Knödel gehörte ihm, und darin waren die Locken. Ob dem Landgrafen die Klöße, also die Knödel, gemundet haben, ist uns nicht überliefert.

*10 alte Wecken, Salz,
1/2 Liter lauwarme Milch,
1 kleine feingeschnittene Zwiebel,
20 g Fett, Petersilie,
2 bis 3 Eier, Salzwasser zum Kochen*

Die Wecken in feine Scheiben schneiden, mit Salz überstreuen, mit heißer Milch übergießen, zudecken und ziehen lassen. Dann die fein geschnittene Zwiebel in Fett andünsten. Den Teig mit der Zwiebel, der Petersilie und den Eiern verarbeiten. Sollte er zu weich sein, etwas Mehl oder Semmelbrösel hinzugeben. Die Knödel formen und in kochendes Wasser legen. Etwa 20 Minuten ziehen lassen.

Linsen und Spätzle

Esau, einer der Söhne des biblischen Urvaters Isaak, verkaufte sein Erstgeburtsrecht für ein Linsengericht. Auch heute noch läßt so mancher Kenner für einen leckeren Linseneintopf alles stehen und liegen.
Zwar gelten seit alters her die Linsen als Speise der Armen; dies mag vielleicht richtig sein, weil sie preiswert sind. An Geschmack sind sie jedoch kaum von anderen Hülsenfrüchten zu übertreffen.

400 g Linsen, mehrere kleine Zwiebeln, 200 g magerer geräucherter Bauchspeck, 40 g Schweineschmalz, 40 g Mehl, Salz, Pfeffer, 2 Paar Saitenwürstle

Die Linsen waschen und über Nacht in kaltem Wasser einweichen. Dann mit angeschwitzten Zwiebeln und dem Stück Bauchspeck in heißes ungesalzenes Wasser geben und weichkochen.
Inzwischen aus Fett und Mehl eine braune Mehlschwitze machen. Damit die fertigen Linsen binden und mit Salz und Pfeffer abschmecken. Der nicht zu weich gekochte Speck wird in Scheiben geschnitten und zusammen mit den heißen Saitenwürstle auf die angerichteten Linsen gelegt. Als weitere Beilage serviert man Spätzle.

Schwäbische Leberklöße

„Leber auf glühende Kohlen legen, so wird der Teufel vertrieben werden." Innereien schrieb man ganz früher aber nicht nur erfolgversprechende Wirkung im Kampf gegen den Teufel, sondern auch eine heilende Wirkung zu. So sollen im 17. und 18. Jahrhundert Patienten in die Eingeweide eines frisch geschlachteten Ochsen gewickelt worden sein. Vor allem Geschlechtskrankheiten meinte man dadurch kurieren zu können. So ist es uns jedenfalls überliefert. Zwar werden sie heute in dieser Funktion nicht mehr verwandt, doch als leckeres Essen können Leber und andere Innereien wahre Wunder vollbringen. Denn bekanntlich geht nicht nur die Liebe durch den Magen, sondern auch eine gute Portion des allgemeinen Wohlbefindens.

5 Wecken, Milch, 500 g Rinderleber, 2 Zwiebeln, 100 g Speck, 4 Eier, Petersilie, Salz, Pfeffer, Muskat, Mehl, Fleischbrühe

Die Wecken in lauwarmer Milch einweichen. Ausdrücken, wenn sie gut durchgezogen sind. Dann mit der Rinderleber, zwei kleingewürfelten angeschwitzten Zwiebeln und dem Speck durch den Fleischwolf drehen (kleine Scheibe). Mit den 4 ganzen Eiern, der feingehackten Petersilie, Salz, Pfeffer und Muskat und einer entsprechenden Menge Mehl zu einer haltbaren Masse verarbeiten. Ist der Teig zu locker, etwas Semmelbrösel beigeben.
Die Knödel formen und in der Fleischbrühe etwa 25 Minuten ziehen lassen. Auf Sauerkraut anrichten und mit etwas Zwiebelbutter übergießen. Dazu Spätzle reichen.

Pfälzer Saumagen

Krönender Ausdruck der fast innigen Beziehung des Pfälzers zum Schwein, zur Sau, ist der Saumagen. In der ganzen Welt gibt es nicht seinesgleichen. Vergleicht man Speisekarten, der Saumagen bleibt mit Gewißheit auf das Gebiet der Pfalz, der ehemaligen Kurpfalz, begrenzt – obwohl der Pfälzer diesen – nach seinem Geschmack – Hochgenuß jedem gönnen möchte. Der Saumagen setzt einige Kochkunst voraus, doch er entlohnt die Mühen eben mit seiner Einmaligkeit. Man kennt ihn gekocht und gebraten als Ganzheit aufgetischt, aber auch in Scheiben angebraten. Adäquat ist der Wein „Kallstadter Saumagen" in trockener Form.

Zuerst muß beim Metzger ein frischer, kleiner, geputzter Saumagen bestellt werden. Für die Füllung: 1 – 1 1/2 kg gekochte Kartoffeln, 750 g grüner, magerer Schweinebauch, 375 g gehacktes Rindfleisch, 3 Eier, 2 große Zwiebeln, aufgeschnitten im Fett gedämpft, Majoran, Salz, Pfeffer, Muskatnuß, 1/2 Liter Fleischbrühe

Zuerst zwei der drei Ausgänge am Saumagen zubinden. Kartoffeln und Schweinebauch in gleichmäßige Würfel schneiden. Alle übrigen Zutaten dazugeben, sehr kräftig würzen und durcharbeiten. Diese Masse in den Saumagen füllen und zubinden. In siedendem Salzwasser gut 3 Stunden ziehen lassen – nicht kochen! Er kann bereits so mit Genuß gegessen werden, jedoch gibt es auch eine andere Geschmacksrichtung, die ihn in Butter gebraten bevorzugt. Dazu wird Sauerkraut gereicht. Der perfekt zubereitete Saumagen hat Tranchen, die beim Aufschneiden nicht bröckeln oder gar zerfallen. Bauernbrot, Weinkraut und natürlich Pfälzer Wein – siehe oben – dazu reichen.

Sonntagsessen

Es ist eine typische Erscheinung unserer Wohlstandsgesellschaft, daß man nahezu täglich Fleisch auf dem Küchenzettel vorfindet. Noch vor zwanzig Jahren war das keineswegs selbstverständlich, und schon gar nicht in den Jahren vor, während und nach dem Kriege. Auch in Schwaben mußte man sich in dieser Zeit sehr bescheiden, und nur sonntags – wenn es irgendwie möglich war – gab es ein Fleischgericht. Dann allerdings kreierte die schwäbische Hausfrau eine für dieses Land typische und einmalige Zusammenstellung: gemischter Braten mit Rind- und Schweinefleisch, Spätzle und Kartoffelsalat. Zu letzter Kombination meint Thaddäus Troll, sie sei pervers. Was aber nichts dran ändert, daß dieses Gericht noch immer und in vielen Familien eben das Sonntagsessen ist.

*750 g Schweinefleisch vom Bug oder Schlegel, Pfeffer, Prise Rosmarin, Salz,
1 Zwiebel, 1 Gelbe Rübe,
1/2 Sellerieknolle, Suppengrün,
40 g Fett, 1 Tomate oder Tomatenmark,
1 Knoblauchzehe, etwas Mehl*

Fleisch mit Pfeffer, Rosmarin und Salz einreiben, zusammen mit der grob gehackten Zwiebel, der zerteilten Gelben Rübe und Sellerieknolle sowie dem Suppengrün in heißem Fett anbraten. Tomate bzw. Tomatenmark und Knoblauchzehe hinzugeben und mit ca. ¼ l Wasser ablöschen. Zugedeckt ca. 1 ½ Stunden köcheln lassen. Ca. 20 g Mehl mit etwas Wasser anrühren und mit dem Bratenfond zu einer Soße binden, evtl. mit Salz und Pfeffer abschmecken.
Dazu gehören – wie gesagt – Spätzle und Kartoffelsalat sowie je nach Saison Kopf-, Endivien- oder Ackersalat.

Eingemachtes Kalbfleisch

Der erste Präsident der Bundesrepublik, Theodor Heuss, hat seine schwäbische Heimat nie verleugnen wollen und können – auch den leiblichen Genüssen zeigte sich der weise Herr stets sehr aufgeschlossen (und aufgeklärt) gegenüber: „Außerhalb des Landes wird man wohl selten dem milden Gericht begegnen, das man eingemachtes Kalbfleisch nennt – gekochtes Fleisch mit einer weißen, mehligen Soße."
Es ist in der Tat ein Gericht, das man außerhalb Schwabens kaum kennt, das es aber wert ist, einer breiteren Schicht bekannt gemacht zu werden.

750 g Kalbfleisch (Schulter oder Hals), 1 Bund Suppengrün, 1 Prise Salz, 1 Zwiebel, 1 Zitronenscheibe, 1 1/2 Liter Wasser. Für die Soße: 30 g Fett, 40 g Mehl, 1/2 Liter Sud vom Kalbfleisch, Saft einer viertel Zitrone, 1/4 Liter Weißwein, 1/8 – 1/4 Liter Sahne, 1 Eigelb

Das in Würfel geschnittene Kalbfleisch mit dem Suppengrün, Salz, der Zwiebel und der Zitrone im Wasser kochen, bis es weich ist. Für die Soße nun eine helle Mehlschwitze zubereiten, die mit einem halben Liter Brühe aufgefüllt wird. Gut durchkochen lassen. Die übrigen Zutaten für die Soße hinzugeben und das Fleisch nochmals in der Soße aufkochen. Zum Schluß erst das Eigelb unterziehen und sofort anrichten.
Dazu werden Spätzle und Salat gereicht.

Filetspitzen aus der Pfanne

Daß ein gut zubereitetes Schweinefilet schon von sich aus für Gaumenfreuden sorgt, weiß jeder Gourmet. Doch läßt sich dieses Gericht noch verfeinern, wenn man Schalotten hinzufügt. Wem dieser Name nicht geläufig ist, kennt sie vielleicht als „Aschlauch". Der Begriff wurde nämlich vom französischen „échalotte" übernommen und hat diese mit dem Schnittlauch verwandte Gemüsepflanze in ganz Europa bekannt gemacht. Die Kreuzfahrer brachten sie übrigens aus Palästina und Kleinasien mit zu uns.

*700—750 g Schweinefilet,
4 Scheiben geräucherter Bauchspeck,
50 g Bratfett,
2 feingeschnittene Schalotten,
150 g frische Champignons in Scheiben, Senf, Ketchup,
je eine Prise Salz und Pfeffer,
Bratensaft oder -soße nach Geschmack, 1 Eßlöffel Sauerrahm*

Das Schweinefilet wird in feine Scheiben, der Bauchspeck in feine Streifen geschnitten. Den Speck nun in der Pfanne glasig dünsten, die feingeschnittenen Schalotten hinzufügen und nun erst die Filetscheiben. Das Ganze bei starker Hitze kurz angehen lassen, so daß alles von beiden Seiten angebräunt ist.
Nun wird das Bratfett etwas abgegossen, man fügt die Champignons hinzu und rührt Senf, Ketchup und die Gewürze je nach Geschmack hinein. Zum Schluß mit etwas Bratensaft oder -soße auffüllen. Vollendet wird das Gericht durch einen Eßlöffel Sauerrahm. Als Beilage reicht man Spätzle sowie frische Gartensalate.

Überbackenes Kasseler mit Gemüse

Das Kasseler Rippenspeer wurde von dem Berliner Schlachtermeister Cassel erfunden. Er kam eines Tages auf die Idee, ein Stück gepökelten Schweinerücken zu räuchern.

750 g rohes Kasseler ohne Knochen, 1/4 Liter trockener Weißwein, 1 rote Paprikaschote, 1 grüne Paprikaschote, 1 mittelgroße Zwiebel, 250 g frische Champignons, 1 Stange Porree, 1 EL Butter, 2 EL Mehl, 1/2 Tasse Tomatenpüree, Salz, weißer Pfeffer, Majoran, Basilikum, 100 g Emmentaler

Das Stück Kasseler waschen, mit Küchenkrepp abtrocknen, in dem Weißwein dünsten, jedoch nicht kochen und anschließend in dem Wein abkühlen lassen. Die Paprikaschoten entkernen, waschen und in Streifen schneiden. Die Zwiebel schälen, kleinhacken, die Champignons waschen, putzen und halbieren, die Stange Porree waschen und in mittelgroße Ringe schneiden. Alles in der erhitzten Butter anbraten, mit Mehl bestäuben und das Tomatenpüree und den Wein – in dem das Fleisch gedünstet wurde – zugeben. Das Gemüse unter ständigem Rühren etwa 10 Minuten kochen und dabei mit Salz, Pfeffer, Majoran und Basilikum abschmecken. Das Kasseler in Scheiben schneiden und in eine Auflaufform legen. Die Gemüsemischung darüber verteilen und alles mit dem geriebenen Emmentaler bestreuen. Die Form in dem auf 250° C vorgeheizten Backofen etwa 20 Minuten überbacken, bis der Käse eine goldbraune Farbe angenommen hat.

Gefüllte Kalbsbrust

Eine gefüllte Kalbsbrust für wenige Personen zu machen, ist problematisch, sie eignet sich eher für 12 – 15 Personen, denn erst dann lohnt sich der ganze Aufwand. Zudem wird hier auch ein wenig Erfahrung in der Kunst des Kochens verlangt, und man sollte nicht unbedingt versuchen, hiermit sein Erstlingswerk zu kreieren! Bedenken Sie bitte auch, daß die gefüllte Kalbsbrust ein ideales Festessen ist. Andererseits eignet sie sich hervorragend zum Einfrieren und schmeckt auch kalt aufgeschnitten delikat. Also – nur Mut, verehrte Leserin, geschätzter Leser – dieses Rezept gelingt Ihnen bestimmt!

3 kg Kalbsbrust.
Für die Füllung: 400 g Weißbrot oder 8 Brötchen ohne Rinde,
1/4 Liter Milch, 80 g Räucherspeck,
2 Zwiebeln, 50 g Butter,
3 Eßlöffel gehackte Petersilie,
3 Eier, 500 g Bratwurstbrät,
je 1 Prise Salz, Pfeffer, Muskat,
2 Karotten, 1 Lauchstange,
1/2 Sellerieknolle, 2 Zwiebeln,
2 Eßlöffel Tomatenmark

Weißbrot oder Brötchen in Würfel schneiden, mit heißer Milch abbrühen. In Würfel geschnittenen Räucherspeck, klein geschnittene Zwiebeln in Butter anschwitzen und zugeben. Mit gehackter Petersilie, den Eiern, Bratwurstbrät auffüllen, mit Salz, Pfeffer, Muskat abschmecken. Alles gut vermengen, die Kalbsbrust füllen, zunähen, mit Salz und Pfeffer würzen. Im Ofen mit Kalbsknochen, Karotten, Lauchstange, Sellerieknolle und 2 halbierten Zwiebeln braten. Wenn die Kalbsbrust braun ist, mit Wasser ablöschen, Tomatenmark hinzufügen und unter häufigem Begießen knusprig braten.

Kalbslendchen in Morchelrahm

Die Legende berichtet uns, daß von alters her bei fast allen Völkern der Frühlingsanfang mit einem guten Gericht gefeiert wurde, bei dem das Kalbfleisch eine besondere Rolle spielte. Wie aber der Frühlingsanfang zum Kalb kam, kann heute niemand mehr sagen, und es sollte auch kein Grund sein, zu anderen Jahreszeiten auf diesen Schmaus zu verzichten.

8 Kalbslendenscheiben zu je 80 g, Salz und Pfeffer zum Würzen, 100 g Butter, 20 g (getrocknete) Morcheln, 1 Zwiebel oder 3 Schalotten, 1/8 Liter Weinbrand, 1/4 Liter süße Sahne, 1/8 Liter Weißwein

Die Kalbslendchen werden leicht geklopft, dann mit Salz und Pfeffer gewürzt und in der Butter auf beiden Seiten angebraten. Die in Wasser eingeweichten und ausgewaschenen Morcheln feinhacken und dem Fleisch beifügen, gleichzeitig die feingehackte Zwiebel oder die Schalotten hinzutun.
Nun mit dem Weinbrand ablöschen und das Ganze flambieren, dann mit der Sahne auffüllen und den Weißwein beigeben. Das Fleisch läßt man noch kurz in der Soße mitschmoren, nimmt es dann heraus und schmeckt die Soße mit Salz und Pfeffer nochmals ab. Dazu reicht man Spätzle.

Rindsrouladen

„Mir ist, als hätte ich manchmal nicht mehr Witz, als ein Christensohn oder ein gewöhnlicher Mensch hat. Aber ich bin ein großer Rindfleischesser, und ich glaube, das tut meinem Witz schaden." Diese Meinung von Shakespeare wird natürlich durch die moderne Ernährungswissenschaft widerlegt, und ganz sicher regen die Rindsrouladen Witz und Geist eher an, als daß sie schaden. Rindsrouladen kennt man in vielen Ländern der Erde, aber sie sind wohl selten so beliebt wie hier im Schwabenland.

*4 — 6 Rouladen (750 g nicht zu dünne Scheiben aus dem Ochsenschlegel),
Salz, Pfeffer, 2 — 3 Zwiebeln,
1 Eßlöffel gewiegte Petersilie,
1 Eßlöffel Butter, 100 g Räucherspeck, 50 g Sardellenfilet.
Zum Braten: 40 g Butter.
Zur Soße: 1 — 2 Teelöffel Mehl, Fleischbrühe*

Rouladen mit Salz und Pfeffer würzen, gewiegte Zwiebeln und Petersilie in Butter vordämpfen, die Rouladen damit bestreichen, kleine Speckwürfelchen und gewässerte, zerdrückte Sardellen darauflegen. Fleischscheiben aufrollen, mit Zwirn umwickeln, in heißer Butter rundum anbraten. Mehl mitrösten, mit Fleischbrühe ablöschen, Rouladen zugedeckt weichschmoren. Fäden entfernen, durchgesiebte, würzig abgeschmeckte Soße über die Rouladen gießen.
Oder Fleischscheiben gut würzen, mit Senf bestreichen, rohe, gehackte Zwiebeln und Streifen von Speck oder Gewürzgurken auflegen. Aufrollen, mit Zwirn umwickeln, in Mehl wenden, in heißer Butter ringsum anbraten, vor dem Anrichten ⅛ Liter sauren Rahm zugießen, aufkochen, durchsieben.

Saure Schweinenierle

Wer kennt nicht den Ausspruch „auf Herz und Nieren prüfen". Er steht bereits im Alten Testament. Damals war man zudem der Meinung, daß Innereien den Teufel vertreiben. Aber als man dann erfuhr, daß die Germanen alle Arten von Innereien ihren Göttern als Opfer darbrachten, erklärte die Kirche sie zur Teufelsspeise.

Nieren gerieten gar in Verdacht, die sinnliche Versuchung zu fördern. Daher mußten sie nach dem Schlachten an den Herrn Pfarrer abgeliefert werden. Lange hält dieses Vorurteil an. Noch 1851 erklärt der Gastronom Baron Vaerst die Eingeweide für „ein Gericht, vor dem zu warnen" ist. Das hat sich in den letzten 100 Jahren gründlich geändert. Der Schwabe schätzt Innereien besonders dann, wenn sie sauer zubereitet sind – nach dem Motto: „Da macht mer e' saure Brüh' drüber."

250 g Schweinenieren, 30 g Butter, je 1 Prise Salz und Pfeffer, 1/3 Tasse Bratensoße, 1 guter Schuß Essig, 1 Zwiebel, 2 Gewürzgurken

Die Nieren nach dem Wässern in Scheiben schneiden und in gut heißem Fett in der Pfanne kurz anbraten. Mit Salz und Pfeffer würzen und mit der Bratensoße ablöschen. Essig nach Geschmack hinzugeben. Nun die in Scheiben geschnittene Zwiebel rösten und diese über die Nieren geben; die Gewürzgurken ebenfalls in Scheiben schneiden und das Ganze damit garnieren. Dazu reicht man Spätzle und Salat.

Rinderschmorbraten badisch

Der berühmte irische Dramatiker Bernhard Shaw war folgender Meinung: Ein Geist meines Formats kann sich nicht von Rindviechern nähren! Er konnte freilich so standhafte Sprüche von sich geben, da er überzeugter Vegetarier war. In Baden-Baden nährte er sich während seiner Kuren laufend von badischer Saustude, Verzeihung: Löwenzahnsalat. Dazu trank er Thermalwasser und wurde 94 Jahre alt! Da aber höchst ungewiß ist, ob wir alle ohne Rinderschmorbraten und nur mit Löwenzahn und Mineralwasser 94 Jahre alt würden, sollten Sie sich nicht von diesem Gericht ablenken lassen.

1 1/2 kg Rinderhüfte (Tafelspitz), Salz, Pfeffer, Bratfett, 2 Karotten, 2 Zwiebeln, 1 kleine Sellerieknolle, 3 Petersilienwurzeln, 2 Eßlöffel Tomatenmark, 2 Eßlöffel Mehl, 1 Glas Rotwein, Lorbeerblattspitze, 1 Teelöffel Paprikapulver, 5 Wacholderbeeren, 1 zerdrückte Knoblauchzehe, etwas Kümmel

Die Rinderhüfte mit Salz und Pfeffer würzen und in einer Kasserolle im heißen Bratfett kurz von allen Seiten anbraten. Das würflig geschnittene Gemüse hinzufügen und mitschmoren lassen. Wenn das Gemüse Farbe angenommen hat, das Tomatenmark dazugeben und alles zusammen unter stetem Rühren weiter erhitzen. Das Fleisch aus dem Topf nehmen und das Fett abschütten. Mehl über das Gemüse stäuben und gut durchrühren. Ablöschen mit Rotwein und mit kaltem Wasser auffüllen. Das Fleisch wieder hineingeben, die Gewürze beifügen. Zugedeckt im Backofen bei mäßiger Hitze garschmoren. Den Braten herausnehmen und die Soße, wenn nötig, mit Stärkepuder binden. Durch ein feines Sieb über den Braten passieren.

Pfälzer Fleischklöße

Fleeschknepp nennt der Pfälzer mit wäßrigem Mund die Fleischklöße. Bei jedem größeren Festessen erscheinen in Pfälzer Haushalten die *Fleeschknepp* als willkommenes und nie langweiliges Zwischengericht. Als Beilage zu ihnen kennt man eigentlich ausschließlich Meerrettich, sowohl frisch gerieben wie auch in Soßenform.

*250 g Schweinefleisch,
250 g Rindfleisch und
250 g Kalbfleisch, 2 alte Brötchen,
2 Eier, Salz, Pfeffer, Muskat,
1 Bund frische Petersilie,
Fleischbrühe*

Fleisch und Brötchen werden durch den Wolf gedreht. Eier, Gewürze und die fein gehackte Petersilie dazugeben. Die Masse wird zu einem glatten Teig verarbeitet. Danach läßt man sie eine Zeitlang in Ruhe liegen. Mit feuchten Händen eigroße Klöße formen und in siedender Fleischbrühe garen. Neben Meerrettichsoße wird dazu Weißbrot gereicht. Auch Salzkartoffeln sind möglich.

Schäufele im Brotteig

„Schäufele" – das ist und klingt urbadisch-alemannisch. Wer's nicht weiß, dem sei's verraten: Es ist das beste Schulterstück vom Schwein. Geräuchert gehört's zum „Veschper".

Etwa 2 Liter Wasser, 1/2 Zwiebel, 1 Knoblauchzehe, 2 Lorbeerblätter, 1 Teelöffel Pfefferkörner, 1 Eßlöffel Salz, 1 – 1 1/2 kg Schäufele, 2 Eßlöffel Senf, frische Kräuter: Petersilie, Thymian, Majoran, Schnittlauch (zur Not auch getrocknet), 1 Schweinenetz, 1/2 kg Roggenbrotteig vom Bäcker, etwas Mehl.
Für den Salat: 1 kg Salatkartoffeln, 3 – 4 Eßlöffel Weinessig, 1/4 Liter warme Fleischbrühe, 1 1/2 Teelöffel Salz, 1/2 Teelöffel Pfeffer, 1 kleine gehackte Zwiebel, 3 – 4 Eßlöffel Öl, 4 Scheiben Speck

Das Wasser mit der Zwiebel, Knoblauchzehe, Lorbeerblättern, Pfefferkörnern und dem Salz zum Kochen bringen und das Schäufele hineingeben. Es soll eben bedeckt sein. Ca. 10–15 Minuten kochen, herausnehmen, erkalten lassen. Mit dem Senf und den Kräutern einreiben, ins Schweinenetz einschlagen und in den ausgerollten Brotteig wickeln. Mit der Naht nach unten auf einem bemehlten Blech ins Ofenrohr schieben und bei einer Hitze von ca. 230–250° C 3/4 Stunden ausbacken. Aufschneiden und warm oder kalt servieren.
Salat: Die Kartoffeln in der Schale kochen, abgießen, abschrecken, schälen und in feine Scheiben schneiden, mit dem Essig, der Brühe, Salz, Pfeffer und Zwiebel mischen. Das Öl in einer Pfanne erhitzen, den in feine Streifen geschnittenen Speck darin knusprig braten, alles über den Kartoffelsalat gießen, umrühren und 2 Stunden ziehen lassen.

Badische Schweineroulade

Motto: Die hält den Leib zusammen!

4 Schweineschnitzel à ca. 140 g, Salz, Pfeffer, 1 Knoblauchzehe, Senf, 4 Scheiben geräucherter Speck, 1 Ei, 200 g Schweinehackfleisch, 2 – 3 Karotten, etwas Schweineschmalz, etwas Mehl zum Bestäuben, 2 Zwiebeln, 1/4 Liter trockener Weißwein, 1/2 Teelöffel Pfefferkörner, 2 Lorbeerblätter, 1 Stange Lauch, 1/2 kleine Sellerieknolle, 2 Eßlöffel Mehl, 1/8 Liter Sauerrahm, etwas Butter

Die Schnitzel klopfen, würzen, mit der halben zerdrückten Knoblauchzehe und Senf bestreichen und mit den Speckscheiben belegen. Das mit Ei, Salz und Pfeffer vermischte Hackfleisch auf die Schnitzel verteilen, eine Karotte in vier Streifen schneiden und ins Hackfleisch drücken. Die Schnitzel fest rollen und feststecken. In heißem Schweineschmalz die in Mehl gewälzten Rouladen kurz und scharf anbraten. Herausnehmen und in einen Topf geben. Die gehackten Zwiebeln goldbraun anrösten, mit dem Weißwein ablöschen und alles über die Rouladen gießen. Den Rest Knoblauch, die Pfefferkörner, Lorbeerblätter und eine Prise Salz beigeben. Lauch und Sellerieknolle putzen und, in grobe Streifen geschnitten, in leichtem Salzwasser knackig kochen. Herausnehmen und abtropfen lassen. Den Gemüsefond zu den Rouladen gießen und ca. 1 Stunde weichschmoren. Mehl mit dem Sauerrahm glattrühren, die Rouladen aus der Soße nehmen und diese mit dem Sauerrahm binden, leicht kochen und über die Rouladen passieren. Die Gemüsestreifen in Butter anschwenken und über die Rouladen geben.

Rehschäufele in Wacholderrahm

Lassen Sie sich durch den Namen nicht ins Bockshorn jagen: Hier soll nicht etwa das Geweih – in der Jägersprache die Schaufel – zum Gericht verkommen, das „Schäufele" ist vielmehr die schwäbische Umschreibung für den Schlegel, also die Keule des Rehes. Für dieses Wildgericht eignet sich die Vorderkeule am besten.

---

*1 kg Rehschäufele (Vorderschlegel).
Für die Marinade:
1 Flasche Rotwein (0,7 Liter),
Lorbeerblätter, Nelken,
Pfefferkörner, Thymian, Rosmarin,
1/2 Knoblauchzehe.
Salz und Pfeffer zum Würzen,
100 g Bratfett, 1/2 kg Suppengemüse
(Zwiebeln, Karotten, Lauch,
Sellerie), 1/2 kg Tomaten oder
100 g Tomatenmark, 100 g Mehl,
1 Tasse Brühe, knapp 1/4 Liter saure
Sahne, 2 Eßlöffel Doppelwacholder*

Den Vorderschlegel am besten gleich vom Händler in ca. 250 g schwere Stücke hacken lassen (mit den Knochen) und mindestens 3 Tage in der Rotweinmarinade belassen. Nach dem Herausnehmen gut abtropfen lassen, mit Salz und Pfeffer (am besten Pfeffermühle) würzen und scharf anbraten. Nun das Suppengemüse hinzugeben sowie die Tomaten oder das Tomatenmark; den Braten mit Mehl bestäuben, mit der Rotweinmarinade ablöschen, die Brühe auffüllen und bis zum Garpunkt schmoren.
Die Soße wird mit der sauren Sahne abgezogen, mit Doppelwacholder und evtl. einem Schuß Rotwein abgeschmeckt. Als Beilage Knödel, Waldpilze und Kräutersalat.

Bodenseehecht nach Art des Herzogs Gunzo

Es heißt, dieses Rezept habe zu der Lieblingsspeise jenes alemannischen Herzogs Gunzo Anlaß gegeben, der im 7. Jahrhundert im heutigen Überlingen residierte. Seither sitzen auch ringsum am Ufer des Bodensees Alemannen.

350 g grüne Bohnen, 400 g Hechtfilet, 4 dünne Scheiben durchwachsener geräucherter Speck, 150 g Butter, 2 Schalotten, 1 kleine Selleriewurzel, Salz, Pfeffer, Zitronensaft, 0,2 Liter Weißherbst, 0,1 Liter Crème fraîche, etwas Basilikum, 3 Eier, 3 Eßlöffel Joghurt, Muskat

Bohnen kernig kochen und warmstellen. Hechtfilet mit Speck umwickeln und mit Zahnstocher festhalten. Etwas Butter in die Pfanne geben und gehackte Schalotten und gewürfelte Selleriewurzel darin anschwitzen, den Hecht darauflegen, Salz, Pfeffer und Zitrone zum Würzen darübergeben. Mit Weißwein ablöschen und zugedeckt etwa 12 Minuten leicht dünsten. Den gedünsteten Hecht herausnehmen, aus dem Speck wickeln und auf dem Bohnenbouquette anrichten. Den Sud absieben und auf die Hälfte reduzieren lassen, mit Crème fraîche und Butter leicht eindicken. In Streifen geschnittenes Basilikum dazugeben, nochmals erhitzen und die Soße über den Hecht gießen. Das geschlagene Eiweiß, Joghurt und Eigelb mit wenig Salz, Pfeffer und Muskat schnell durchrühren und als Hut auf den Hecht setzen. Im Ofen bei 250° C überbakken, bis die Oberseite dunkelblond ist. Als Wein einen leichten Weißburgunder, Ruländer oder Riesling reichen.

Zanderfilet in Riesling

Dieser prächtige Tafelfisch kann über 12 kg schwer werden. Am liebsten lebt er in Mitteleuropa und im Osten, wo er den ungarischen Plattensee bevorzugt. Hier wurden auch die herrlichsten Rezepte ersonnen. Je nach Land und Landschaft heißt er noch Hechtbarsch, Sandaal, Sandel, Sander, auch Amodito, Fogas oder Fogasch. Ein Fisch der vielen Möglichkeiten!

---

*4 frische Zanderfilets à 200 g,
Saft einer Zitrone, Salz, Pfeffer,
100 g frische Champignons,
50 g Butter, 1 feingehackte Zwiebel,
1/4 Liter Riesling, 1/8 Liter Sahne,
1 Eigelb, 1 Eßlöffel gehackte
Petersilie*

Zanderfilets mit Zitronensaft, Salz und Pfeffer marinieren. Die Champignons gut waschen und in Scheiben schneiden. In einer flachen Kasserolle oder Pfanne die Butter schmelzen lassen, darin die Zwiebel und die Champignons leicht angehen lassen, ohne Farbe zu geben. Die Zanderfilets dazulegen, mit dem Riesling übergießen und bei kleiner Hitze zugedeckt langsam und vorsichtig garen. Die Filets aus der Pfanne nehmen, auf einer Platte warmstellen. Zu dem Rieslingsud die Sahne geben und etwas einkochen lassen. Das Eigelb mit Sahne verrühren und ohne zu kochen unter die Soße rühren, mit Salz und Pfeffer abschmecken, gehackte Petersilie dazugeben und über die Zanderfilets gießen. Dazu passen Kartöffele und ein Glas badischer Riesling.

Süße Speisen und Gebäck

Fränkische Pfannkuchen

Pfannkuchen kennt jeder: Nicht aber den fränkischen. Mit einem Gemisch aus Zwetschgenmus, Zwetschgenwasser und Sahne wird er bestrichen und damit zur Köstlichkeit. Und gegessen wird, soviel der Magen vertragen kann.

Pfannkuchenteig: 250 g Weizenmehl, 1/2 Liter Milch, 1 Prise Salz, 3 Eier, 1 Schuß Öl, Fett zum Ausbacken
Füllung: 200 g Zwetschgenmus, etwas Zwetschgenwasser, 1/4 Liter Sahne, Puderzucker zum Bestreuen

Mehl, Milch, Salz, Eier und 1 Schuß Öl zu einem etwas flüssigen Teig verarbeiten. Fett in einer Pfanne heiß werden lassen und aus dem Teig dünne Pfannkuchen (Fladen) ausbacken. Zwetschgenmus, Zwetschgenwasser und die steif geschlagene Sahne miteinander vermischen, die fertigen Pfannkuchen mit der Masse bestreichen und zusammenrollen. Mit Puderzucker bestreut servieren.

Kartäuserklöße

Die Mönche des Kartäuserordens verstanden es nicht nur, einen köstlichen Likör anzusetzen, sondern sorgten auch neben diesen geistigen Genüssen für ihr leibliches Wohl. Der vom Heiligen Bruno von Köln gegründete Orden hatte im 16. Jahrhundert seine Blütezeit. Damals gab es über 200 Klöster, die vom Stammhaus, der Grande Chartreuse (Kartause), geführt wurden. Vielleicht wußten die Mönche deshalb so schmackhafte Gerichte zu kreieren, weil jeder für sich in einem kleinen Einzelhaus innerhalb der Kartause lebte und viel Zeit zum Nachdenken hatte.

*4 alte Milchbrötchen, 4 Eier, etwas Vanillezucker, 1/2 Liter Milch, Salz, Semmelbrösel, Backfett, Zimt, Zucker.
Für die Weinschaumsoße:
4 Eigelb, 100 g Zucker,
1/4 Liter trockener Weißwein*

Die Milchbrötchen werden geteilt und ihre Rinde mittels einer Reibe abgerieben. Die verquirlten Eier und etwas Vanillezucker der Milch beigeben und die Brötchen darin einlegen. Nun so lange darin ziehen lassen, bis sie gut durchgefeuchtet sind. Anschließend aus den eingeweichten Brötchen eiförmige Klöße formen. Dabei drückt man sie leicht aus, wälzt sie in Semmelbröseln und backt sie goldgelb aus. Am besten eignet sich dafür eine Friteuse, weil die Klöße schwimmen sollten.
Zum Schluß werden die Klöße in einer Zimt-Zucker-Mischung gewendet.
Hierzu reicht man eine warme Weinschaumsoße, die wie folgt zubereitet wird:
Eigelb und Zucker in einer Schüssel schaumig rühren und den Weißwein langsam hinzugeben. Die Schüssel in ein heißes Wasserbad stellen und mit dem Schneebesen zu einer schaumigen Crème schlagen.

Apfelküchle mit Vanillesoße

Bereits vor 2000 Jahren war der Apfel als wohlschmeckende Frucht bekannt. Schon damals konnte man zwischen 29 verschiedenen Sorten wählen. Aber der Apfel war nicht nur zum Reinbeißen da, sondern galt auch als Symbol der Fruchtbarkeit und wurde während der Hochzeitswerbung als Minnegabe dargebracht. Vielleicht gelingt es Ihnen, ein bißchen von diesem schönen Brauch in Ihre Apfelküchle einzubacken.

Für den Backteig: 500 g Mehl,
1/3 Liter Bier, 1 Prise Salz,
30 g Zucker, 2 Eßlöffel Öl,
4 geschlagene Eiweiß. Äpfel nach
Bedarf; Zimt-Zucker-Mischung.
Für die Vanillesoße: 1/2 Liter Milch,
1 Vanilleschote,
125 g Zucker, 30 g Mondamin,
3 Eigelb, 1/8 Liter Sahne

Die Zutaten für den Backteig gut miteinander verrühren, die Äpfel schälen, das Kernhaus ausstechen und die Äpfel in ca. 1 cm dicke Scheiben schneiden. Nun die Scheiben im Bierteig wenden und im Fettbad bei 180° goldgelb ausbacken. Die gebackenen Apfelküchle in mit Zimt vermischtem Zucker wenden und auf einem Teller anrichten. Die Zutaten für die Vanillesoße miteinander verrühren und erhitzen. Die Vanillesoße kann über die angerichteten Apfelküchle gegossen oder auch extra serviert werden.

Hollerküchle

Die Hollerblüten sind im Norden Deutschlands eher als Holunder- oder Fliederbeeren bekannt, und dort werden sie auch gern zu Saft eingedickt und im Winter als Grundlage für einen kräftigen, wärmenden Punsch verwendet. Die Hollerküchle hingegen sind eine typische Spezialität südlich des Mains.

10–12 Holunderblütendolden, 200 g Mehl, 2 Eier, knapp 1/4 Liter Milch, 1 Prise Salz, genügend Fett zum Ausbacken, Zucker und Zimt zum Bestreuen

Die Hollerblüten waschen und gut abtropfen lassen. Den Backteig herstellen, indem das Mehl mit den Eiern und der Milch sowie der Prise Salz gut verquirlt wird. Nun die Hollerblüten im Backteig wenden und schwimmend im heißen Fett goldbraun ausbacken. Anschließend mit Zucker und Zimt bestreuen.

Ofenschlupfer

Welches Kind nascht nicht gern, und welches Kind wird Pudding, Plätzchen, Waffeln oder andere schmackhafte süße Dinge verschmähen? Wie oft wird die Mutter gebeten, mal wieder dieses oder jenes leckere Gericht zu zaubern: Oft hat sich der oder die Kleine dann schon vorher den Magen vom vielen Probieren verdorben. Eine dieser schon rein äußerlich zum Reinbeißen einladenden Leckereien ist der Ofenschlupfer. Besonders im Schwabenland erlebt diese alte Spezialität zur Zeit eine wahre Renaissance.

*4 Doppelwecken, 2 Äpfel,
50 g Zucker, 50 g Korinthen,
50 g Mandeln, 2 Eier,
1/2 Liter Milch*

Die Wecken in Scheiben schneiden. Die Äpfel schälen, entkernen und ebenfalls in Scheiben schneiden. Auf eine gefettete Auflaufform wird nun eine Lage Weckschnitten gelegt, dann eine Lage Apfelschnitten. Das Ganze mit Zucker, Korinthen und Mandeln bestreuen. Die Eier mit der Milch verrühren und langsam darübergießen. Je nach Menge Lage für Lage schichten. Die Weckschnitten müssen die letzte Schicht bilden. Wenn die Eiermilch gleichmäßig eingezogen ist, den Auflauf in den Ofen schieben und ungefähr 45 Minuten backen lassen. Davon 35 Minuten bei schwacher Oberhitze und starker Unterhitze. Die letzten 10 Minuten den Ofen abschalten.

Zimtnudeln

Die Zimtnudeln sind eine verfeinerte Fortentwicklung der Rohrnudeln, wie man sie in nahezu allen deutschen Landschaften kennt. Die Rohrnudeln heißen in der Pfalz *Backofeknepp*, was wieder für die plastische Ausdrucksweise der Pfälzer spricht. Man weiß sofort, um was es sich bei *Backofeknepp* handelt. Da jedoch der Pfälzer, beim Essen wenigstens, vom Einfachen zum Üppigen, geschmacklich Reizvollen strebt, ersann oder übernahm er zur eigenen Freude die Zimtnudeln.

500 g Mehl, 20 g Hefe, Salz, 1/4 Liter Milch, 2 Eier, 60 g Butter, 50 g Zucker, Schale einer ganzen Zitrone. 50 g zerlassene Butter, Zucker, Zimt

Aus den Zutaten einen mittelfesten Hefeteig herstellen. Kleine Nudeln *(Knepp)* abstechen und diese auf einem Brett gehen lassen. Jetzt werden die Nudeln in zerlassener Butter, in Zucker und Zimt gewälzt und eng in eine offene Backform gesetzt. Eine halbe Stunde in vorgeheiztem Ofen backen. Nach dem Backen sofort noch einmal mit flüssiger Butter bestreichen, damit sich keine harte Kruste bildet. In der Form auskühlen lassen. Dazu paßt Kompott nach Belieben, aber auch eine Weinschaumsoße oder – in der Pfalz – immer: ein Gläschen Wein!

Kirschenmännla

Eine richtige fränkische „Möllschpeis" (hochdeutsch Mehlspeise) hat es schon in sich, denn meist ist sie so sättigend, daß man sie als Hauptgericht verzehren kann. So auch in diesem Fall: Das „Kärschmännla" (Kirschenmännchen) ist nämlich ein Auflauf mit reichlich guten Zutaten, so daß man dazu nur noch ordentlich starken Kaffee zu reichen braucht. Warum das Rezept aber Kirschenmännla heißt, bleibt unerfindlich — vielleicht hat man es früher in einer entsprechenden Form gebacken.

1 kg Brot (weiß, gemischt oder schwarz), zweimal 1/4 Liter Milch, 3–4 Eier, 100 g Zucker, je 1 Prise Zimt und Salz, abgeriebene Schale einer Zitrone, 50 g Butter, 1 1/2 kg Kirschen, Zucker und Zimt zum Bestreuen

Das Brot in 1/4 Liter lauwarmer Milch gut einweichen, anschließend ausdrücken und es in eine große Schüssel geben. Die Eier mit dem anderen Viertelliter Milch verrühren, Zucker, Zimt, Salz und Zitronenschale hinzugeben und alles mit der Brotmasse vermengen, ebenso die zerlassene Butter. Nun die entsteinten Kirschen daruntergeben und die Masse in eine gut gebutterte Auflaufform füllen und bei mittlerer Hitze (200° C) 40–50 Minuten backen. Zum Schluß kann nach Belieben mit Zucker und Zimt sowie mit Butterflöckchen bestreut werden.
Das richtige Kirschenmännla ist innen saftig und außen knusprig.

Badische Eierküchle mit Waldbeeren

Die schöne, tief dröhnende alte Glocke im Freiburger Münsterturm heißt nicht nur „Hosanna", sondern auch die „Knöpflisglock". Wenn sie nämlich freitags die Sechse läutete, wußte die Mutter: 's pressiert die Knöpf zu richten! Fürs Wochenende. Knöpfli – enge Verwandte der schwäbischen Spätzle – oder Eierküchle, Apfelküchle oder Kirschenplotzer, die trockenen Gugelhupf-„Dungili" (zum Eintauchen in den Kaffee) und vieles mehr: die Knöpflisglock läutete die Sonntagsschleckereien ein.

1/2 Liter Milch, 1/4 Liter Sahne, 200 g Mehl, 4 Eier, 100 g grober Zucker, Prise Salz, Schweineschmalz zum Ausbacken, etwas geriebene Zitronenschale, Puderzucker, Waldhimbeeren, Waldbrombeeren, Wacholderbeeren, 1 Honigmelone, 1 Schnapsglas Benedictine, 1/4 Liter Sahne

---

Aus Milch, Sahne, Mehl, Eiern, Zucker und Salz einen glatten Teig rühren und in einer flachen Pfanne im heißen Schmalz hauchdünne Küchlein ausbacken. Diese einmal einschlagen, mit geriebener Zitronenschale und Puderzucker bestreuen. Die Beeren gut zuckern und kühlstellen. Die Melone aushöhlen, Beeren hineingeben und mit Benedictine beträufeln. Pfannküchle mit Schlagsahne getrennt servieren.

Vanilleringle

Lange Jahrhunderte hindurch waren die Wochen vom Katharinentag am 25. November bis Weihnachten ernste und traurige Wochen. Heute ist es die Zeit der Vorfreude auf das Weihnachtsfest. Nikolausfeier und Adventskranz kündigen das große Fest an, und aus der Küche dringt manchmal ein Geruch, der selbst hartgesottene Gegner von Süßspeisen und Gebäck zum Naschen verleitet. Da werden Kuchen gebacken und Plätzchen ausgestochen und geheimnisvolle Gewürze benutzt. Vanille, das aus Mexiko kommende Gewürz, soll übrigens nervenstärkend sein und Bronchitis und hartnäckige Katarrhe lindern.

*250 g Butter oder Margarine,
250 g Zucker, 2 Eier oder 4 Eigelb,
2 Päckchen Vanillin, 500 g Mehl*

Die Butter so lange schaumigrühren, bis sie weich, glatt und rahmig wird. Dann Zucker, Eier, das Vanillin und das Mehl hineingeben. Den Teig kurz durchkneten und eine Zeitlang ruhen lassen. Durch eine Backspritze mit einem Sterneinsatz drücken und die Streifen in fingerlange Stücke schneiden. Ringe oder Stangen formen und vorsichtig auf ein schwach gefettetes Blech legen. Backdauer 8 bis 12 Minuten bei 200 Grad.

Schwarzwälder Kirschtorte

Erfunden haben soll die Kirschtorte ein persischer Eunuch, Chefkoch in einem Harem, um den Haremsdamen durch den Dauergenuß der Torte auf Wunsch des Kalifen oder Scheichs vollere Formen zu verleihen. Ob das stimmt oder nicht – Schwarzwälder Kirschtorte jedenfalls ist nur dann Kirschtorte, wenn sie auch danach schmeckt. Kirschessenz beispielsweise zu verwenden, wäre eine Sünde! Hier das echte Rezept.

*1 fertiger Mürbeteigboden,
100 g Sauerkirschkonfitüre,
2 fertige dünne Schokoladeböden,
100 g Kirschsaft, 75 g Zucker,
10 – 15 g Weizenpuder,
250 g Sauerkirschen aus dem Glas,
1 Prise Zimt, Nelken, 4 Blatt
Gelatine, 60 g Kirschwasser,
40 g Zucker, 600 g Sahne,
Schokoladenspäne zum Garnieren*

Den fertiggebackenen Mürbeteigboden mit der Sauerkirschkonfitüre bestreichen und einen Schokoladeboden darauflegen. Sauerkirschsaft aus dem Glas mit Zucker aufkochen, den Weizenpuder mit etwas weiterem kaltem Sauerkirschsaft anrühren und unter den kochenden Saft ziehen, dann die Sauerkirschen selbst und Gewürze dazugeben und erkalten lassen. Die Sauerkirschen auf den Kuchen geben. Die in kaltem Wasser eingeweichte Gelatine ausdrücken, auflösen und unter die mit Kirschwasser und 40 g Zucker vermischte geschlagene Sahne unterziehen. Die Hälfte dieser Kirschwasser-Sahne auf dem Kuchen verteilen, darauf wieder einen Schokoladeboden setzen und den Rest der Sahne darüberstreichen. Hat die Sahne angezogen, die Torte dünn mit Schokoladenspänen bestreuen.

Pfälzer Schneckennudeln

Wenn wir als Kinder ein paar Zehner in der Tasche hatten, haben wir uns mit Wonne Schneckennudeln gekauft. *Schneckenudle* gehören zu dieser Landschaft wie Salzbrezeln, denen zu Ehren in Speyer ein Brezelfest gefeiert wird. Sie haben mit den als Teigwaren bekannten Nudeln gar nichts zu tun. Es handelt sich vielmehr um ein Hefegebäck, dessen Form entfernt an ein Schneckenhaus erinnert.

250 g Mehl, 1/2 Teelöffel Salz, 1 Ei, 1 Würfel frische Hefe, 125 g Butter, 1 Eßlöffel Öl, 2–3 Eßlöffel Zucker, 1 Päckchen Vanillezucker, etwas abgeriebene Zitronenschale, etwas Mehl.
Zur Füllung: 200 g gemahlene Haselnüsse, 80 g Butter, 3 Eßlöffel Zucker, 1 Schuß Milch, 100 g Rosinen, 200 g Puderzucker, 5 Eßlöffel Obstschnaps

Mehl, Salz, Ei, Hefe, Butter und Öl zusammenrühren und schlagen. Diesen Teigkloß in eine Schüssel mit kaltem Wasser werfen. Wenn der Kloß schwimmt, ihn 5 Minuten schwimmen lassen und dann aus dem Wasser nehmen. Jetzt gibt man den Zucker, Vanillezucker und die Zitronenschale dazu. Noch einmal kräftig durchschlagen. Den Teig auf einem bemehlten Brett auswellen und mit der Masse aus gemahlenen Nüssen, Butter, Zucker, Milch und Rosinen bestreichen. Den Teig aufrollen, die Rolle in drei Zentimeter dicke Scheiben schneiden und diese Scheiben nebeneinander in eine gut gebutterte Springform setzen. Eine halbe Stunde ruhen lassen, dann im vorgeheizten Backofen backen. Nach dem Backen noch warm mit dem Puderzucker-Schnaps-Guß glasieren.

Apfel-Weincreme-Torte

Es wurde schon gesagt, daß viele badische Kuchen und Speisen, vor allem im Oberland, aus österreichischen Rezepturen mundgerecht gemacht wurden. Jahrhundertelang gehörte z. B. der Breisgau mit Freiburg zu den österreichischen „Vorlanden". Die Statthalter aus Wien, Graz oder Innsbruck brachten ihre Köche und Konditoren mit. Und mit ihnen viele „feine Patisserien", Mehl- und Süßspeisen. Natürlich verarbeiteten diese Meister unsere bodenständigen Produkte – und schufen so eine Vielzahl neuer Gerichte.

1 fertiger Blätterteigboden, Aprikosenmarmelade, 2 fertige dünne Schokoladeböden. Weincreme: 400 g Weißwein, 3 Eigelb, 60 g Zucker, 20 g Weizenpuder, 2 Zitronen (den Saft), 8 Blatt Gelatine, 1 Schnapsglas Calvados, 600 g Sahne. Ca. 6 Äpfel, 1 klarer Tortenguß

Den gebackenen Blätterteigboden dünn mit Aprikosenmarmelade bestreichen und einen Schokoladeboden daraufsetzen. Den Weißwein, Eigelb, Zucker und den im Saft von 2 Zitronen angerührten Weizenpuder schaumig rühren. Die Gelatine im Calvados einweichen, darunterziehen und erkalten lassen. Dann die geschlagene Sahne dazugeben. Die Hälfte der Creme auf den Tortenboden streichen, dann wieder einen Schokoladenboden daraufsetzen und den Rest der Creme darauf verteilen. Die Äpfel schälen, in Achtel teilen, das Kernhaus entfernen, in Wasser weichdünsten und auf der oberen Cremeschicht auslegen. Mit dem Tortenguß abglänzen. Die Torte bis zum Anschnitt kühlstellen.

Schwäbischer Käsekuchen

Die Römer, bekannt als ausgesprochene Genießer und Kenner ausgefallener Speisen, behaupteten, daß man den Stand der Kultur bei vielen Völkern an ihrer Beziehung zum Käse ablesen könne. Allen Barbarenvölkern sei gemeinsam, daß sie nichts vom Käse verstünden. Uns Germanen konnten sie das freilich nicht vorwerfen, denn wir kannten die geheimen Rezepturen der Käsezubereitung. Allerdings soll es damals Käsearten gegeben haben, die noch intensiver und gehaltvoller „gerochen" haben als viele unserer heutigen. Beim Käsekuchen ist das allerdings ganz anders: Hier geht es nicht um den Geruch, sondern um den Geschmack.

*Für den Mürbeteig: 300 g Mehl, 150 g Butter, 80 g Zucker, 1 Prise Salz, 1 Ei.
Für die Käsemasse: 6 Eier, 250 g Zucker, 500 g Quark (20% Fett), $^1/_8$ Liter Sauerrahm, 1 Prise Salz, 1 Zitrone, 50 g Mondamin, 80 g Rosinen, 100 g Butter*

Die Zutaten des Mürbeteigs zu einer festen Masse verkneten und kühl ca. 1 Stunde ruhen lassen. Inzwischen die 6 Eigelbe mit dem Zucker schaumig rühren. Dann den Quark, den Sauerrahm und die Prise Salz beigeben. Anschließend den Saft und die Schale (abgerieben) der Zitrone sowie das Mondamin, die Rosinen und die geklärte Butter einrühren. Ganz zum Schluß die 6 zu Schnee geschlagenen Eiweiß untermengen.
Nun wird die Masse in das mit dem Mürbeteig ausgelegte Backblech eingefüllt und bei 220 Grad etwa 40 Minuten gebacken. Dann nimmt man den Kuchen für 10 Minuten heraus, läßt ihn stehen und stellt ihn anschließend nochmals für 10 Minuten in die Röhre.

Badische Pflaumentorte

Bühler Frühzwetschgen reisen per Eilwaggons bis nach Hamburg und Holland als begehrtes Obst vom sonnenverwöhnten Oberrhein.

Teig: 6 Eigelb, 100 g Zucker, 10 g Vanillezucker, 6 Eiweiß, 40 g Semmelbrösel, 150 g geriebene Haselnüsse, 1 Eßlöffel Rum.
Füllung: 1 kg Pflaumen, 5 gehäufte Eßlöffel Zucker, 1 Stange Zimt, 1 Nelke, 1/4 Liter Wasser, 30 g Stärke, 1/4 Liter Sahne, 1 gehäufter Eßlöffel Zucker, 4 Blatt Gelatine.
Garnierung: 1/4 Liter Sahne, 2 Teelöffel Zucker, etwas Vanillezucker, 100 g blättrig geschnittene Mandeln

Eigelb, Zucker und Vanillezucker schaumig rühren, Eiweiß zu Schnee schlagen und auf der Eigelbmasse verteilen. Darüber Semmelbrösel, Haselnüsse, Rum, und alles vorsichtig untereinanderheben. In eine Springform mit Pergament den Teig einfüllen und 35 Minuten bei 180° C backen. Gut auskühlen lassen und einmal quer durchschneiden. Die Pflaumen entsteinen, halbieren und mit Zucker, Zimt, Nelke und Wasser garkochen. Den Saft mit angerührter Stärke binden und kaltstellen. Dann diese Masse als erste Schicht auf den Tortenboden, die Pflaumen darüberschichten und zum Garnieren ein paar Pflaumen übriglassen. Die Sahne mit Zucker steifschlagen, die Gelatine auflösen und die Sahne damit eindicken. Diese Masse auf die Pflaumen streichen und alles kaltstellen. Den zweiten Tortenboden auf die Pflaumenmasse legen, mit der mit Zucker und Vanillezucker steifgeschlagenen Sahne überziehen, garnieren und den Rand mit den Mandeln bestreuen.

Träubleskuchen

Die Schwäbin als Zuckerbäcker, als Herstellerin von Naschwerk ist ein Kapitel für sich, denn das Backen von Küchle und Gutsle will gelernt sein, macht viel Arbeit und ist letztlich doch wenig dankbar: Was lecker schmeckt, ist schnell vom Tisch. Probieren Sie dieses Rezept aus, und Sie werden dieselbe Erfahrung machen! Unter „Träuble" verstehen die Schwaben übrigens Johannisbeeren, die ihren Namen wiederum vom Johannistag ableiten – der Tag, an dem die Beeren etwa reifen.

200 g Mehl, 1 Teelöffel Backpulver, 125 g Butter oder Margarine, 100 g Zucker, 2 Eigelb, abgeriebene Schale einer halben Zitrone. Für den Belag: 2 Eiweiß, 100 g Zucker, 2 Teelöffel Stärkemehl, 500 g Johannisbeeren

Mehl und Backpulver sieben und mit dem Fett, Zucker, Eigelb und Zitronenschale zu einem Mürbeteig verrühren. Den Teig ca. 30 Minuten kaltstellen, dann ausrollen und eine Springform damit auslegen. Den Kuchenboden nun bei mittlerer Hitze ca. 25 Minuten goldgelb backen. In der Zwischenzeit das Eiweiß zu steifem Schnee schlagen, Zucker und Stärkemehl hinzufügen und noch weitere 5 Minuten nachschlagen. Jetzt die gewaschenen und entstielten Beeren vorsichtig unter die Eiweißmasse heben. Das Ganze anschließend gleichmäßig auf dem Kuchenboden verteilen und bei mittlerer Hitze im Ofen leicht gelb backen.

Weincremetorte

Natürlich gibt es in einem Weinland ein Gebäck, das unmittelbar mit Trauben und Wein zu tun hat. Es ist die Weincremetorte. Kenner solcher Süßigkeiten mag sie in gewisser Weise an die Zuger Kirschtorte aus der Schweiz erinnern. Wie diese mit Kirschwasser getränkt ist, nimmt der Teig der Weincremetorte Wein und auch ein Quantum Weinbrand in sich auf. Es handelt sich also gewiß nicht um eine trockene Sache. Im Gegenteil: Die *Woicremetort' ritscht vun selwer, do brauchschd kän Kaffee nochzuschitte!* Die Torte macht Mühe, aber die Mühe lohnt sich.

Für den Teig: 250 g Mehl, 200 g Butter, 2 Eigelb, 50 g Zucker, 2 Eßlöffel Weinbrand.
Für die Füllung: 2 Eier, 6 Blatt weiße Gelatine, 60 g Zucker, 1/8 Liter lieblicher Weißwein, 1/4 Liter Schlagsahne, 250 g Trauben, 1 Eßlöffel Aprikosenmarmelade, 40 g Mandelblättchen, 10 g Butter

Teigzutaten verkneten. Eine Springform ausfetten und Boden und Rand mit dem Teig auslegen. Etwa 20 Minuten kaltstellen, danach ungefähr 20 Minuten im Ofen backen. Nach dem Abkühlen aus der Form nehmen. Die Füllung: Eier trennen, die Gelatine in kaltem Wasser einweichen. Eigelb und 2 Eßlöffel Wasser schaumig schlagen. Zucker unterrühren, den Wein dazugeben. Ausgedrückte Gelatine mit etwas Wasser bei schwächster Hitze auflösen und unter die Mischung ziehen. Kaltstellen. Eiweiß und Sahne steif schlagen, unter die dickende Creme ziehen. Diese Creme auf den Teigboden füllen und mit den entkernten Traubenbeerenhälften belegen. Teigwand mit der Marmelade bestreichen und mit den in Butter gerösteten Mandelblättchen bekleben.

Schwäbischer Kranz

Den Schwaben sagt man nach, sie seien sparsam. Nicht ganz zu unrecht. Und so sagt einer jener Necksprüche, daß Kuchen und Gebäck nur deshalb erfunden worden sind, weil die sparsamen Schwaben die Hitze beim Anheizen des Brotbackofens ausnutzen wollten.

Teig: 500 g Mehl, 20 g Hefe, 80 g Zucker, 1/4 Liter Milch, 100 g Butter, 1 Prise Salz, 1 bis 2 Eier, etwas Zitronenschale oder Anis.
Füllung: 1 großer Eßlöffel Butter oder 1 bis 2 Eiweiß, 80 g Zucker, Zimt, 50—100 g Sultaninen, 50 g in Scheiben geschnittene Mandeln oder Haselnüsse

Mehl in Backschüssel geben, eine Vertiefung eindrücken, mit zerbröckelter Hefe, einem Teelöffel Zucker, etwas lauwarmer Milch einen Vorteig anrühren. Zudecken, warmstellen und 30 Minuten gehen lassen. Dann nach und nach Rest der Milch, erwärmte Butter, Zucker, Salz, Eier, Zitronenschale zufügen. Den Teig durcharbeiten, bis er Blasen wirft und sich von der Schüsselwand löst. Nochmals 30 Minuten gehen lassen. Teig zu einem fingerdicken, rechteckigen Streifen auswellen, mit zerlassener Butter oder Eiweiß bestreichen, Zucker, Zimt, Sultaninen, Mandeln aufstreuen. Von der Breitseite her aufwickeln. Rolle mit einem Messer der Länge nach durchschneiden, beide Hälften so zusammenschlingen, daß die Schnittflächen oben sind. Als Zopf oder Kranz bei 200 Grad ca. 40 Minuten backen. Noch heiß mit Zuckerglasur bestreichen.

Die Rezepte nach Gruppen

Soweit in den Rezepten nichts anderes
vermerkt ist, sind die Zutaten für vier Personen
berechnet.

Suppen und Vesper

Flädlesuppe	30
Maultaschensuppe	32
Fränkische Gärtnerin	34
Rieblesuppe	36
Bauländer Grünkernsuppe	38
Grießklößchensuppe	40
Schwarzwälder Kartoffelsuppe	
mit Kracherle	42
Badische Lauchsuppe	44
Saure Kutteln	46
Schwäbische Tellersülze	48
Saurer Käs	50
Weißer Käse und Gequellte	52
Schwarzer Wurstsalat	54
Winzersalat mit Estragonessig	56

Kleine Speisen und Beilagen

Krautwickerle	60
Schwäbischer Zwiebelkuchen	62
Gesalzener Rahmkuchen	64
Reichenauer Frühlings-Quiche	66
Käsespatzen	68
Spargelauflauf	70
Gefüllter Pfannkuchen	72
Lauchkuchen	74

Chratzete	76
Spargel auf Blattspinat	78
Spätzle	80
Kartoffelsalat	82
Grünkernküchle	84
Schupfnudeln auf Sauerkraut	86
Saure Kartoffelrädle	88
Speckkartoffelsalat	90
Leberspätzle	92
Weckknödel	94

Hauptspeisen mit Fleisch, Wild und Fisch

Linsen und Spätzle	98
Schwäbische Leberklöße	100
Pfälzer Saumagen	102
Sonntagsessen	104
Eingemachtes Kalbfleisch	106
Filetspitzen aus der Pfanne	108
Überbackenes Kasseler mit Gemüse	110
Gefüllte Kalbsbrust	112
Kalbslendchen in Morchelrahm	114
Rindsrouladen	116
Saure Schweinenierle	118
Rinderschmorbraten badisch	120
Pfälzer Fleischklöße	122

Schäufele im Brotteig	124	Zimtnudeln	146
Badische Schweineroulade	126	Kirschenmännla	148
Rehschäufele in Wacholderrahm	128	Badische Eierküchle mit Waldbeeren	150
Bodenseehecht nach Art des Herzogs Gunzo	130	Vanilleringle	152
Zanderfilet in Riesling	132	Schwarzwälder Kirschtorte	154
		Pfälzer Schneckennudeln	156
Süße Speisen und Gebäck		Apfel-Weincreme-Torte	158
Fränkische Pfannkuchen	136	Schwäbischer Käsekuchen	160
Kartäuserklöße	138	Badische Pflaumentorte	162
Apfelküchle mit Vanillesoße	140	Träubleskuchen	164
Hollerküchle	142	Weincremetorte	166
Ofenschlupfer	144	Schwäbischer Kranz	168

Die Rezepte alphabetisch

Apfel-Weincreme-Torte	158	Hollerküchle	142
Apfelküchle mit Vanillesoße	140		
		Kalbfleisch, Eingemachtes	106
Badische Eierküchle mit Waldbeeren	50	Kalbsbrust, Gefüllte	112
Badische Lauchsuppe	44	Kalbslendchen in Morchelrahm	114
Badische Pflaumentorte	162	Kalbsvögel in Weißwein-Sahnesauce	26
Badische Schweineroulade	126	Kartäuserklöße	138
Bauländer Grünkernsuppe	38	Kartoffelgratin „Dauphinois"	26
Bodenseehecht nach Art		Kartoffelrädle, Saure	88
des Herzogs Gunzo	130	Kartoffelsalat	82
		Kartoffelsuppe, Schwarzwälder,	
Chratzete	76	mit Kracherle	42
		Käsekuchen, Schwäbischer	160
Eierküchle, Badische,		Käsespatzen	68
mit Waldbeeren	60	Kasseler, Überbackenes,	
Eingemachtes Kalbfleisch	106	mit Gemüse	110
		Kirschenmännla	148
Filetspitzen aus der Pfanne	108	Krautwickerle	60
Flädlesuppe	30	Kutteln, Saure	46
Fleischklöße, Pfälzer	122		
Fränkische Gärtnerin	34		
Fränkische Pfannkuchen	136	Lauchkuchen	74
		Lauchsuppe, Badische	44
Gefüllte Kalbsbrust	112	Leberklöße, Schwäbische	100
Gefüllter Pfannkuchen	72	Leberspätzle	92
Gesalzener Rahmkuchen	64	Linsen und Spätzle	98
Grießklößchensuppe	40		
Grünkernküchle	84	Maultaschensuppe	32
Grünkernsuppe, Bauländer	38		
		Ofenschlupfer	144
Hecht nach Art des			
Herzogs Gunzo	130	Pfälzer Fleischklöße	122

Pfälzer Saumagen	102	Schwarzwälder Kartoffelsuppe mit Kracherle	42
Pfälzer Schneckennudeln	156	Schwarzwälder Kirschtorte	154
Pfannkuchen, Fränkische	136	Schweinenierle, Saure	118
Pfannkuchen, Gefüllter	72	Schweineroulade, Badische	126
Pflaumentorte, Badische	162	Sonntagsessen	104
		Spargel auf Blattspinat	78
Rahmkuchen, Gesalzener	64	Spargelauflauf	70
Rehschäufele in Wacholderrahm	128	Spätzle	80
Reichenauer Frühlings-Quiche	66	Speckkartoffelsalat	90
Rieblesuppe	36		
Rinderschmorbraten badisch	120	Tellersülze, Schwäbische	48
Rindsrouladen	116	Träubleskuchen	164
Saure Kartoffelrädle	88		
Saure Kutteln	46	Vanilleringle	152
Saure Schweinenierle	118		
Saurer Käs	50	Weckknödel	94
Schäufele im Brotteig	124	Weincreme-Apfeltorte	158
Schneckennudeln, Pfälzer	156	Weincremetorte	166
Schupfnudeln auf Sauerkraut	86	Weißer Käse und Gequellte	52
Schwäbische Leberklöße	100	Winzersalat mit Estragonessig	56
Schwäbische Tellersülze	48	Wurstsalat, Schwarzer	54
Schwäbischer Käsekuchen	160		
Schwäbischer Kranz	168	Zanderfilet in Riesling	132
Schwäbischer Zwiebelkuchen	62	Zimtnudeln	146
Schwarzer Wurstsalat	54	Zwiebelkuchen, Schwäbischer	62

Bildquellen

Kreative Kartographie Mohrbach, München: 4/5
Photon GbR: 25
Sigloch Bildarchiv: 2, 6, 10, 11, 12, 13, 14, 15, 16 (2), 18, 19,
20, 21, 22 (2), 23, 24, 27 (2). Alle Bilder auf den Seiten 28 bis 168 sind
von Hans Joachim Döbbelin exklusiv für dieses Buch dem Archiv entnommen worden.
Toni Schneiders: 17

© Sigloch Edition, Zeppelinstraße 35a, D-74653 Künzelsau
Nachdruck verboten. Alle Rechte vorbehalten. Printed in Germany
Satz: Lihs, Satz und Repro, Ludwigsburg
Druck: Cantz'sche Druckerei, Ostfildern
Papier: 135 g/m² BVS-plus, glänzend, chlorfrei, der Papierfabrik
Scheufelen, Lenningen
Bindearbeiten: Sigloch Buchbinderei, Künzelsau
ISBN 3-89393-136-8

Reihenweise
Kulinarische Köstlichkeiten

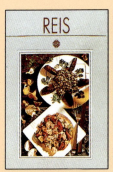
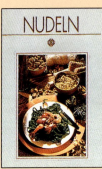

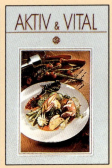

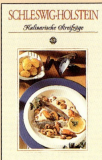

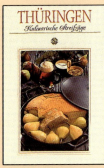
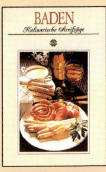
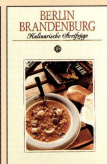
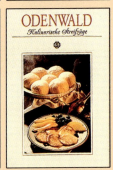
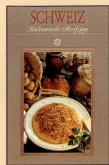
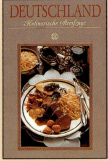
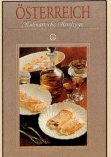

In gleicher Ausstattung sind weitere Titel lieferbar.